KB252286

부동산 경매

썩은 사과만 골라내면 큰 돈 되는 권리분석

부동산 경매

썩은 사과만 골라내면

큰 돈 되는
권리분석

매일경제신문사

이제 부동산 경매가 최고의 재테크임은 누구도 부인할 수 없을 것이다.

이런 현상 속에서 경매 관련 서적이 붐을 이루고 있다. 필자는 시중에 나와 있는 경매 서적을 거의 탐독했다. 그 후 한 가지 사실을 알 수 있었다. 내용은 전부가 훌륭했다. 물론 기획서적의 흔적도 있었지만 대부분의 경매서적들이 좋은 기술과 훌륭한 내용들을 담고 있었다.

그러나 또 하나의 특징도 있었다. 경매를 처음 접한 경매 초보자가 이해하기는 상당히 어렵다는 점이다. 필자는 '어떻게 하면 쉽게 경매 전반에 관한 책을 만들 수 있을까' 하는 와중에 '38세까지 20억 만드는 부동산 경매'라는 책을 저술했다. 이 책에서는 경매의 접근 방법, 권리분석, 실전사례 등 종합적인 내용들에 대해 초보자들이 쉽게 이해하고 접근할 수 있도록 하였다.

책이 출간된 후 얼마 지나지 않아 독자로부터 연락이 왔다. 경매에 대해 하나의 시리즈로 분석을 해 출간을 해달라는 주문이었다. 생각 끝에 '38세까지 20억 만드는 부동산 경매' 책의 경매 전반에 관한 사항 외에 권리분석만을 깊지만 쉽게 다루고 싶었다.

이러한 생각으로 금번 '부동산 경매 썩은 사과만 골라내면 큰돈 되는 권리분석'을 시작하게 되었다. 필자는 처음 권리분석을 배울 때를 생각하며 이 책을 저술했다. 필자도 처음 권리분석을 공부할 때 보다 쉽고, 체계적으로 정리된 서적을 찾았지만 쉽지는 않았다.

필자는 다른 사람에게 쉽게 알리고 싶은 심정으로 그 때 메모를 하면서 정리해 놓은 자료가 있었다.

따라서 이 책은 필자가 처음 경매에 입문할 때 정리해 놓은 내용을 기준으로 하여 만들어진 것이기 때문에 초보자들에게는 더없이 유익할 것으로 본다.

나아가 경매를 어느 정도 알고 있는 경우라도 정리와 함께 권리분석을 했기 때문에 상당히 유용하리라고 본다.

이 책의 특징을 보면

첫째, 새로운 강제집행법에서 규정한 정확한 용어들을 구사했다. 다만 과거의 용어들에 익숙해진 경우를 대비해서 어떤 경우에는 함께 사용하기도 했다.

둘째, 어떤 권리를 하나의 기준으로 정해놓고 그 선후에 따라 인수여부가 달라지는 방법을 선택하여 기계적으로 분석을 할 수 있도록 하였다.

셋째, 어려운 법률 용어들을 예를 들어 설명하거나 풀어서 설명을 해 법학을 따로 공부하지 않은 사람들도 쉽게 이해할 수 있도록 하였다.

넷째, 권리분석의 경우 이론만을 앞세우지 않고 대부분의 권리분석을 이론과 함께 사례로 연결시켜 실전에 응용할 수 있도록 하였다.

다섯째, 특수물건에 대한 권리분석에 대해서도 이론을 체계화하였고 필자가 직접 경험한 사례를 통하여 고수익을 창출해 내도록 설명을 하였다.

따라서 권리분석에 관한 용어들을 설명하는데 이해가 잘 안될 경우에는 이 책을 3번 정도 더 읽기를 권한다. 그런 후에는 권리분석의 기초가 반드시 서 있다는 것을 본인 스스로도 알게 될 것이라고 확신한다.

그 이유는 이 책이 그 만큼 쉽고, 일목요연하게 설명되어 있기 때문이다. 아무리 어렵게 생각하는 독자라도 3번 정독하면 충분히 이해할 수 있을 것이기 때문에 약간의 시간 투자로 좋은 결과를 얻을 수 있을 것으로 기대한다.

이 책을 쓰면서 시작하는 독자들에게 꼭 하고 싶은 말이 있다.

경매를 통해서 돈을 벌든, 다른 방법으로 돈을 벌든 꼭 수고와 노력이 있어야 가능하다는 것이다. 경매 서적 몇 번 읽는다고 다 경매를 아는 것도 아니다. 또한 돈을 바로 벌 수 있는 것도 아니다.

방법은 딱 한 가지라고 말하고 싶다. 경매를 시작하기에 앞서 철저하게 이론적 무장을 하고, 남들과 다른 생각으로 끈기 있게 도전을 해야 한다는 점이다. 힘들어도 어쩔 수 없다. 쉬우면 누구나 다 덤벼들기 때문에 돈이 되지 않는다. 강의를 아무리 많이 듣고, 책을 아무리 많이 읽어도 내가 하지 않으면 아무 소용없는 것이 재테크인 것이다.

종자돈만 있다면 포기하지 말고 될 때까지 시도하는 배짱이 있어야 한다. 그런 시도가 어려운 것은 아니다. 생각의 전환만 할 수 있다면 누구나 할 수 있는 것이 경매이고 돈 버는 일이라고 생각한다.

2005년
이 항 용

Contents 목차

PART I

권리분석을 알면
인생도 바뀐다

PART II

권리분석 안전하게
시작하는 15가지 법칙

PART III
주택임대차보호법은 권리분석의 근간이 된다

PART **IV**

썩은 사과만 골라내면 큰 돈 되는 권리분석

PART

I

권리분석을 알면
인생도 바뀐다

경매 전문가 중 법학 전공자는 흔치 않다

경매 물건 중 특수물건에 대해 가끔 권리분석을 요청해 오는 사채업자 K씨가 있었다. 개인적으로 잘 알고 지내지만, 어떤 때는 얄미울 정도로 좋은 물건을 들고 나타나기도 한다. 현재 그는 100억 원대의 부동산 부자다.

이제 K씨는 직접 경매로 돈을 벌기 보다는 부동산 경매 컨설팅으로 여유롭게 살아가고 있다. 부동산 경매를 통해 그는 경제적 자유를 확실하게 얻었기 때문에 즐기면서 돈도 벌고, 다른 사람이 부자가 될 수 있도록 일도 하고 있다.

하지만 그도 한 때는 비참한 시절이 있었다. 명동에서 사채업을 하다가 외환위기 때 크게 실패한 적이 있었기 때문이다. 최고급 외제차에 기사까지 두었던 그가 약 2년 동안은 지하철만을 이용했고, 가족과도 떨어져 살아야만 했다.

그런 K씨가 어려운 시절을 겪고 큰 부자가 될 수 있었던 것은 바로 부동산 경매였다. K씨의 최종학력은 고졸이다. 대학은 고사하고 법학에 대한 체계적인 공부를 한 적도 없다. 그렇다면 K씨가 어떻게 부동산 경매로 성공할 수 있었을까?

그의 밑천은 딱 한 가지였다. 그가 사채업을 하면서 상식 수준에서 알게 된 약간의 법률 지식이 있었기 때문이다. 물론 그에게는 경제흐름과 세상을 읽을 수 있는 눈이 있었기 때문에 경매 시장에서 성공할 수 있었다. 하지만 그는 부동산 경매를 위한 권리분석이 가능했기 때문에 성공할 수 있었다. 그것도 사채업을 하면서 상식적인 수준에서 알고 있었던 법률지식 덕이 컸다.

그렇다. 부동산 경매와 관련된 법률은 상식이다. 다만 약간의 심도를 필요로 하는 고등 상식일 뿐 학문적 수준의 경지까지는 필요하지 않다. 그렇다면 우리는 여기서 하나의 결론을 유추할 수 있다. 비록 권리분석이 다소 어려운 것은 사실이지만 상식적인 수준에서 벗어나지 않고, 누구나 할 수 있다는 사실. 나아가 '남들로 다 하는데 왜 나만 못할까?' 하는 오기만 있다면 부동산 경매는 충분히 성공 가능한 재테크라고 할 수 있다.

또한 언론에 소개되는 경매로 성공한 사람들을 보면 주부, 회사원, 자영업자 등 다양한 사람들이다. 이처럼 관심만 가지면 누구나 할 수 있는 것이 권리분석이자 부동산 경매인 것이다.

경매 시장이 활황을 보이기 시작하면 주식시장과 비슷하게 법원 입찰장에서 아줌마들을 자주 볼 수 있다. 심지어는 애를 들쳐 업고 입찰장을 방문하는 아줌마들도 있다.

그들이 입찰장에 놀러오는 것일까? 절대 그렇지 않다. 입찰이 끝나면 좋은 물건을 잡고 웃으면서 나가는 아줌마들이 꽤 많다. 물론 경매 전문가의 도움을 받아 성공한 아줌마들도 있지만, 혼자서 물건을 고르고 입찰에 참가한 사람들도 부지기수다. 아줌마를 비하하는 것은 결코 아니다. 그만큼 부동산 경매의 권리분석이 쉽다는 사실을 입증해 보이고 싶어서다.

사실 권리분석은 시간과 숫자의 개념만 알아도 할 수 있는 특징이 있어 생각보다 쉽다. 먼저 권리를 얻고, 받을 돈이 많은 사람이 우선하는 경우가 대부분이기 때문이다. 즉 특별법에 따라 따로 보호를 받는 경우를 제외하고는 대부분이 시간이 앞선 권리가 우선한다. 또한 똑같은 일반 채권자 중에서도 받을 돈이 많은 채권자가 한 푼이라도 돈을 더 챙겨갈 수 있다.

따라서 기초적인 권리분석만 할 줄 안다면 일반 물건에 대한 권리분석은 어려울 것이 하나도 없다. 기초적인 권리분석이 가능하면 고급 권리분석도 충분히 가능하다. 기본이 되어 있기 때문에 다양한 사례와 판례 등을 종합적으로 학습하면 특수 물건도 차츰 손 댈 수 있게 되는 것이 권리분석이다.

개인적으로도 경매에 관심을 갖기 시작할 때 기초적인 권리분석

책을 한 권 구입한 후 반복해서 학습을 했다. 이렇게 하면 권리
분석에 대한 밑그림이 그려지게 된다. 그 이후부터는 사실 권리
분석은 다양한 판례와 현장 경험 등이 성공을 좌우하게 된다. 나
아가 직접 한 번 경험하게 되면 부동산 경매가 어렵지 않다는 것
을 새삼 느끼게 될 것이다.

즉 권리분석은 약간의 기본만 있으면 누구나 할 수 있는 특징이
있다. 어떤 일이든 처음은 생소하고 어려운 특징이 있다. 하지만
어느 정도 시간이 지난 후에는 그런 일들이 대수롭지 않게 느껴
지는 것을 알 수 있을 것이다. 경매도 마찬가지다.

자신감을 갖고 시작하면 아무것도 없이 머리만 가지고 돈을 벌
수 있다고 확신한다.

인수되는 권리와 말소되는 권리, 그것부터 구분해라

초보 입찰자들이 권리분석을 할 때 가장 두려워하는 부분이 바로 낙찰자인 매수인에게 부담으로 남는 권리일 것이다.

경매 물건 중에는 어떤 권리들은 말소되기도 하고 인수되기도 하는데 그 구분이 쉽지가 않은 것이 사실이다. 그런데 낙찰자인 매수인에게 부담으로 남는 권리, 즉 인수되는 권리가 없다면 경매는 그 묘미를 찾을 수 없을 뿐만 아니라 재테크의 수단이 되지도 못했을 것이다.

따라서 권리분석을 위해서는 인수되는 권리와 말소되는 권리를 정확히 구분할 줄 아는 것이 매우 중요하다. 사실 이 부분만 정리되도 권리분석을 할 때 큰 도움이 되기 때문에 그 기준을 잡고 가는 것이 권리분석의 시작이라고 할 수 있다. 다만 이 부분에 대하여 경매를 처음 접하는 경우라면 약간의 생소한 용어가 나오기 때문에 어려워 할 수도 있지만 걱정할 필요는 없다. 이 책에서 쉽고 자세히 설명할 예정이므로 기억만 하고 있으면 충분하다.

◘ 말소되는 권리는 부담이 없다

말소기준에 따라 부동산의 낙찰 즉 매각으로 인하여 소멸되는 권리를 말소기준권리라고 한다. 그런데 이들 말소되는 권리는 부동산이 매각되면 그 배당금으로 채권자별로 해당 법률에서 정하는 배당순위에 따라 배당을 받아 가기 때문에 낙찰자인 매수인은 신경 쓸 필요가 없는 권리가 된다.

나아가 이들 말소되는 권리는 낙찰자인 매수인의 신청에 의해 말소촉탁의 대상이 되기 때문에 등기부상에서도 깨끗하게 지워져 낙찰자인 매수인에게는 부담이 되지 않는 권리라고 할 수 있다.

그렇다면 말소되는 권리에는 어떤 것이 있는지 다음 표로 정리하기로 한다.

말소되는 권리	말소되는 권리의 특징
저당권 또는 근저당권(경매물건의 대부분이 근저당권임)	경매에 있어서 저당권 또는 근저당권은 항상 말소되는 권리가 된다

선순위의 가등기가 담보가등기인 경우	가등기는 담보가등기와 소유권이전등기청구권가등기가 있다. 그런데 선순위의 가등기라도 그 종류가 담보가등기의 경우에는 선순위와 관계없이 말소된다. 즉 이때의 가등기는 담보물권으로서의 특징이 있어 말소된다고 보면 된다
최고순위의 담보물권보다 순위가 늦은 용익물권 등	이들 용익권에는 전세권, 지역권, 지상권, 임차권, 대항력과 확정일자를 갖춘 임차인, 가등기, 가처분등기, 환매등기 등이 있다
경매개시결정등기 보다 늦은 위 3번째 권리들	경매개시결정등기 이후에 설정된 위 권리들은 전부 말소 된다
일정한 경우의 가압류	가압류의 경우도 말소가 되는 것이 원칙이다. 다만 어떤 부동산에 등기된 가압류가 현재의 소유자에 대한 것이 아닌 과거 전 소유자를 채무자로 하여 가압류된 경우라면 말소되지 않고 낙찰자인 매수인에게 인수되기 때문에 매수인은 가압류 채권자의 채권액을 부담해야 하는 문제가 생기게 된다

위의 표에서 열거한 권리들에 대한 특징은 차후 자세히 설명할 예정이기 때문에 고민할 필요가 없다. 이런 정도의 권리들이 '말소되는 권리들이구나' 하는 정도만 기억하고 있으면 충분하다.

인수되는 권리는 말 그대로 낙찰자인 매수인에게 그대로 인수되어 부담으로 남는 권리를 말한다. 쉽게 말해서 시간이 앞선 권리들은 그렇지 않은 권리들과 비교해 향후 경매 절차에서 낙찰로 인한 매각이 되더라도 낙찰자인 매수인에게 그래도 인수되는 권리들을 말한다.

이들 권리들을 골라낼 줄 아는 것이 바로 경매의 성공과 연결되는 것이다. 또한 말소되는 권리들은 배당금으로 해결할 수가 없다. 물론 배당금에서 해결하여 매수인에게 부담이 되지 않는 경우도 있지만 그런 경우는 극히 예외적이라 낙찰자인 매수인에게 항상 부담으로 남게 된다.

따라서 입찰에 참여하고자하는 사람은 인수되는 권리가 있을 경우 인수하는 정도의 금액을 감안하여 입찰을 해야 할 필요가 있다. 그래야 손해를 보지 않고 경매의 목적을 달성할 수 있다.

인수되는 권리도 다음 표로 정리하기로 한다.

인수되는 권리	인수되는 권리의 특징
예고등기, 유치권, 법정지상권	이들 권리들이 적법하게 인정되는 권리라면 항상 낙찰자인 매수인에게 인수된다. 그런데 유치권에는 가짜 유치권이 있는 경우도 상당하기 때문에 그것만 잡아내면 인수되지 않기 때문에 오히려 돈을 벌 수 있는 좋은 경우가 되기도 한다

최고선순위의 담보물권보다 앞선 용익물권(지상권, 전세권, 지역권)과 환매권, 임차권, 가처분, 가등기, 가압류 등기	이들 권리들은 항상 최고선순위 담보물권보다 앞선 경우에 한해서 낙찰자인 매수인에게 인수된다
경매개시결정등기일보다 앞선 전세권, 지역권, 지상권, 임차권, 대항력과 확정일자를 갖춘 임차인, 가등기, 가처분등기, 환매등기	다만 이들 권리들이 인수되기 위해서는 이들 권리들보다 앞서는 담보물권이 없어야 한다

위와 같이 말소되는 권리와 인수되는 권리를 표로 요약해 봤다. 다소 생소하고 어려운 용어들이 등장한 것은 사실이다. 누차 언급하는 얘기지만 추후 자세히 설명할 예정이므로 걱정할 필요가 없다.

이 표는 이 책을 전부 읽고 이해한 후에 권리분석을 할 때 하나의 기준을 삼으면 유용하게 이용할 수 있으므로 꼭 기억해 둘 필요가 있다.

경매 브로커도 이용하기 나름이다

경매 초보자들은 처음에는 경매 브로커를 이용하는 것이 유리하다. 그런데 초보자들에게는 경매 브로커 하면 일단 부정적인 생각이 제일 먼저 들 것이라고 본다. 하지만 그것은 기우다.

요즘에는 경매 자체가 재테크로서 상당한 인기를 끌고 있기 때문에 투명한 브로커들이 많다. 브로커라기보다는 경매 컨설턴트라고 보는 것이 더 좋은 표현이 아닌가 생각한다.

하여튼 경매로 돈 벌기로 작정을 한 경우라면 브로커를 잘 이용하면 일석이조의 효과를 거둘 수 있다. 경매 브로커들에게는 일반인들이 모르는 몇 가지의 장점이 있다. 또한 그러한 장점을 제대로 갖추고 있는 브로커를 선택해야 초보자들이 경매로 성공할 수 있는 확률이 높다.

시중에는 수많은 경매 책이 있지만 책이 100% 만족을 줄 수는
없다. 아무리 많은 책을 읽어도 현장에서 얻는 실전 경험을 줄
수는 없다. 바로 이런 실전경험은 경매 브로커들을 통해 배울 수
있다. 그렇다고 책을 게을리 하라는 것은 결코 아니다.

책에서 얻는 이론과 간접경험이 바탕에 있어야 그들이 알려주는
실전경험을 이해하고 받아들일 수 있기 때문이다.

브로커에게 차라리 비용을 더 줘라

일반적인 사람들의 특징은 어떤 투자나 사업을 할 경우 목돈이
소요되기 때문에 비용의 절감을 위해 상당히 신경을 쓴다. 그런
데 큰 돈을 쓸 때는 아낌없이 사용하면서도 정작 작은 돈은 아까
워하는 경향이 있다. 물론 비용을 절감하는 측면에서는 당연하
다. 하지만 좀 더 먼 미래를 생각하는 경우라면 한 번쯤 생각을
바꿔볼 필요가 있다.

즉 브로커를 이용하는 첫 번째 좋은 방법은 일단 원하는 물건
을 요구하고, 그 물건을 잡아주면 반드시 별도로 사례를
한다는 의사표시를 하는 것이다. 그리고 난 후 원하는 물건을
성공적으로 잡아주면 반드시 처음 약속을 지켜야 한다. 사실 경
매시장의 수수료는 감정가의 2% 정도다. 그런데 1% 정도를 더
주면 된다.

그래봐야 기백만원 수준이다. 몇 천 만원을 벌면서 기백만원을

24

아끼면 절대로 큰 돈 버는 사람이 되지 못한다. 그러면 그들은 다음에도 더 좋은 물건을 구해주는 능력을 보여 준다. 이렇게 해서 그들과의 거래에 믿음이 싹트면 경매를 통하여 계속 성공을 할 수 있는 길이 열리게 된다. 특히 어느 정도 신뢰가 쌓이게 되면 특수물건으로 보답하는 경우도 종종 있다.

■ 약간의 비용으로 경매기술도 전수 된다

세상에 공짜가 어디 있는가? 경매 브로커들은 쉽게 기법을 가르쳐주지 않는다. 하지만 모두 그런 것은 아니다. 앞서 언급 했듯이 사례를 더 하겠다는 의사표시를 한 후 그들에게 다가가면서 궁금한 것을 물어보면 그들은 조심스럽게 하나하나 알려주기 시작한다.

이렇게 해서 본인이 공부한 것과 전문가들이 하는 기법을 배우고 실제로 입찰장에 가서 경매기록을 보는 방법도 배우고, 실전경험도 쌓으면서 경매를 알아가야 제대로 배울 수 있게 된다. 돈을 줬으면 준만큼 지식을 빼오던지, 돈을 빼오던지 분명히 그 댓가를 가져오면 되는 것이다. 절대로 손해 보는 장사가 아니라는 것을 꼭 기억했으면 한다.

즉 내가 준 만큼 그 이상을 빼오면 그 이상의 경제적 가치는 얻는 것이다. 브로커는 충분한 가치가 있는 사람들이기 때문에 작은 돈으로 그들을 최대한 이용하는 것이 하나의 방법이자 최선이 될 수도 있다.

권리분석도
부동산마다
전략이 필요하다

경매 부동산에 대한 권리분석을 할 때 크게 주택, 상가, 토지의 3가지로 나눠 접근 할 필요가 있다. 무턱대고 권리분석만 한다고 잘하는 것은 아니다. 각 부동산마다의 특징을 알고 그에 맞는 전략을 세울 필요가 있다. 그래야 해당 부동산에 대하여 간과하기 쉬운 부분을 정확하게 짚어낼 수 있게 된다. 세상에서 돈을 벌 때 가장 중요한 것이 바로 머리라고 생각한다. 정보가 오픈되고 공유되는 시대에는 어떤 일이든지 남들과 다르게 생각하고, 시간을 절약할 수 있는 전략을 구사해야 한다. 그렇게 하는 것이 바로 고생을 덜하고, 큰 돈을 벌 수 있는 길이기 때문이다. 따라서 권리분석의 경우도 최대한 빠르고, 정확하고, 합리적으로 판단할 필요가 있다.

주택과 상가의 세입자는 영세한 경우가 상당히 많다. 그들은 임대인들보다 약자의 위치에 있고, 임대인들과 싸움의 상대가 되지 않는다. 이러다 보니 사회적으로 큰 문제점이 발생, 국가는 주택의 경우 주택임대차보호법을, 상가의 경우 상가건물임대차보호법을 제정하여 약자의 위치에 있는 그들을 보호한다.

그런데 이 두 법은 다른 경우보다도 경매의 경우 상당한 위력을 발휘하는 특징이 있다. 또한 경매의 경우 낙찰자인 매수인들이 이 두 법에 물리는 경우가 상당하다. 그 이유는 이 두 법의 고유한 특징이 있기 때문이다. 이 두 법은 민법이나 다른 법률과 달리 특별법으로서 법조문이 그리 많지가 않다. 그렇다 보니 법조문으로 해결되는 경우보다는 판례로 해결되는 경우가 많다.

즉 분쟁이 발생했을 경우 조문으로 해결이 되지 않는 부분이 많아 당사자간에 소송을 통하여 법원의 판결로 해결되는 경우가 많아지게 된 것이다. 따라서 주택이나 상가에 관심을 가지고, 부동산을 매수할 경우 반드시 이 두 법에 대한 판례를 꼼꼼히 검토하고 연구할 필요가 있다. 나아가 이들 판례들은 계속해서 쏟아져 나오기 때문에 기존 판례를 뒤엎는 경우도 있어 세심히 챙겨야 하는 특징이 있다.

이들 판례들을 가장 먼저 접하는 방법으로는 대법원 홈페이지에 들어가 보면 알 수 있다. 여기에는 가장 최근의 판례들을 업그레이드하기 때문에 유용한 정보를 얻을 수 있다. 결론적으로 이 두 법률을 정확히 알고 있으면 주택이나 상가의 경우 그리 어렵지 않게 권리분석을 할 수 있을 것이라고 본다.

물론 다른 법률에 근거한 권리분석도 중요하다. 하지만 가장 먼저 이 두 법률에 대해 정확히 알고 있는 것이 무엇보다 중요하다고 할 수 있다.

■ 토지는 법정지상권을 제일 중시해야 한다

토지의 경우는 주택이나 상가와는 또 다른 특징이 있다. 그것은 바로 앞서 설명한 특별법의 적용을 받지 않는다는 점이다. 다시 말해서 임차인을 걱정할 필요는 없다. 또한 유치권 같은 어려운 문제도 발생하지 않는 특징이 있다. 어찌 보면 주택이나 상가보다는 비교적 수월하게 권리분석을 할 수 있다.

하지만 이곳에도 복병은 존재한다. 바로 법정지상권이다. 아마도 경매의 고수나 초보자들 모두가 제일 어려워하는 부분이 법정지상권이 아닌가 싶다. 법정지상권도 하나의 법칙을 알고 사례를 통하여 연습을 하면 결코 어려운 것이 아니다.

이 책에서 법정지상권에 대하여 자세히 설명할 예정이므로 간단히 정의 정도만 알고 있으면 충분하다. 법정지상권은 토지 위에 건축된 건물이 있는데 처음에는 이 토지와 건물이 같은 소유자였으나, 어떤 사정에 의해 토지와 건물의 소유자가 다르게 될 때 건물 소유자는 토지소유자의 의사와 상관없이 건물을 사용할 수 있는 권리가 인정되는 것을 말한다.

다만 건물소유자는 토지소유자에게 지료는 반드시 부담해야 한
다. 따라서 토지를 경매로 매수할 경우 법정지상권이 인정되지
않는다고 생각하여 입찰에 참가했다가 법정지상권이 인정되어
낭패를 보는 경우가 있으므로 토지 소유자가 다르다고 무심코
입찰에 임하는 우를 범해서는 안 된다.

나아가 법정지상권은 등기부와 같은 공부상에 잘 나타나지 않는
특징이 있기 때문에 특히 주의를 필요로 한다. 이렇듯 권리분석
은 각 부동산의 특징을 알고 그에 맞는 분석을 해야만 안전하고
효과적인 입찰을 할 수 있게 된다.

5 경매정보지는 권리분석의 단초다

경매정보지는 법원 입찰장에 갈 때 필수 품목이기도 하다. 경매 정보지에는 부동산의 간단한 사진과 위치 등 제반 사항이 비교적 자세하게 실려 있다. 초보자는 자료로 활용 할 수 있다. 현재 가장 많이 이용하고 있는 경매정보지는 '부동산태인'이나 '지지옥션'에서 발행하는 경매정보지를 들 수 있다. 또한 이들 경매정보지는 월 단위로 구독을 할 수도 있다. 이들 경매정보지는 비용도 큰 부담이 아니어서 처음 권리분석을 하는 경우라면 정기구독은 아니라도 원하는 물건이 있을 경우 그 때 그 때 구입을 해서 참조하는 것도 좋은 방법이다. 이들 정보지는 입찰이 끝나면 무료로 나눠주는 경우도 있으므로 입찰장에서 기다렸다가 참조하면 비용절감 효과도 볼 수 있다.

□ 일반물건 분석은 참조하기에 충분하다

이들 정보지를 참조하는 가장 큰 이유는 과거와 달리 기본적인 권리분석이 되어 있다는 점이다. 권리분석은 난이도가 높은 경우와 난이도가 낮은 경우를 들 수 있다. 예를 들어 근저당권이 가장 먼저 설정된 후에 세입자가 있거나, 다른 저당권이 있는 경우 처음 근저당권 이후의 권리자들은 모두 낙찰자인 매수인에게 대항할 수 없게 된다.

그런데 경매정보지는 이러한 분석을 대부분 기재해 놓고 있기 때문에 장점이 있다. 다시 말해서 특수물건이 아닌 일반물건에 대해서는 정확도가 상당히 높게 잘 정리되어 있기 때문에 초보자들에게는 유용한 자료가 될 수 있다. 특히 스스로 연습을 하는 경우라면 큰 비용을 들이지 않고도 권리분석 사례를 접할 수 있는 좋은 기회가 될 수 있다.

□ 그렇다고 100% 신뢰해서는 안 된다

다만 경매 정보지를 100% 확신해서는 안된다. 특히 경매 초보자들이 경매정보지에 정리되어 있는 분석자료만 믿고 입찰에 참가하여 큰 낭패를 보는 경우가 흔히 있다. 이럴 경우 경매정보지에 피해보상이나 항의를 할 수 없게 된다.

경매정보지는 발행을 하면서 참조만 하라는 식으로 문구를 표기하고, 책임을 질 수 없다고 분명히 기재하고 있기 때문이다. 특히 일반물건 보다 특수물건의 경우 자세한 사항을 분석하지도 않고, 신뢰성도 떨어지는 경우도 있기 때문에 세심한 주의가 필요하다.

따라서 경매 정보지를 이용하는 방법으로는

첫째, 경매정보지상에 정리되어 있는 내용을 공부상이나 다른 경매기록 등과 비교해서 틀린 부분이 있는지를 구별해 내어 체크하는 자료로 활용해야 한다.

둘째, 경매정보지에는 스스로 체크하지 못한 부분을 분석해 놓은 경우도 종종 있다. 이럴 경우 경매정보지는 엄청난 위력을 발휘하기 때문에 그러한 방법으로 이용하는 것이 가장 좋다.

끝으로 요즘에는 경매 정보업체가 상당한 수준으로 발전되어 있다. 과거의 경매정보지와 달리 상당히 유용하게 이용할 수 있고, 비용절감의 효과적인 방안이 될 수도 있다는 점을 알고 활용한다면 어떠한 자료보다도 도움이 될 수 있을 것이다.

# 강제경매와 임의경매 정도는 알고 시작하자

경매에는 강제경매와 임의경매 두 가지 종류가 있다. 입찰자는 어떤 경우이든 크게 문제가 될 것은 없다. 어떤 전문가들은 강제경매와 임의경매에 대해 아주 상세하고도 어렵게 설명을 하는 경우가 종종 있다. 하지만 좋은 물건만 매수하면 되는 매수인 입장에서는 그 종류가 크게 중요치는 않다.

따라서 여기서는 경매의 종류가 어떤 것인지 정도만 알고 있으면 충분하다고 본다. 강제경매와 임의경매는 경매를 통해 자기 채권을 회수해야 하는 채권자에게 문제가 되는 것이기 때문이다.

즉 강제경매를 실행한 채권자는 자기 채권을 전부 회수하는 경우가 드물다. 강제경매를 신청하는 채권자는 대부분이 경매 물건에 담보를 설정하지 않는 일반채권자(가압류채권자 포함)들이기 때문이다.

반면에 임의경매를 신청한 채권자는 강제경매 채권자 보다
는 채권회수율이 높다고 할 수 있다. 그 이유는 임의경매의
경우는 담보를 설정한 채권자들이 그 신청을 하기 때문이다.
어쨌든 경매에 관심이 있고, 입찰에 참가하는 경우라면 상식수
준에서라도 경매의 종류 정도는 알고 시작하는 것이 권리분석을
할 때도 분명히 도움이 될 것이다. 그것은 권리분석을 하면서 경
매의 종류나 일반채권자, 담보권자 등이 등장하기 때문이다.

□ 강제경매는 채무명의를 필요로 한다

강제경매를 정의하면 집행력 있는 판결정본에 기하여 채무자 소
유의 부동산을 압류한 후 환가한 다음 그 매각대금을 가지고 채
권자의 채권을 변제하는 강제집행절차를 말한다.
예를들어 설명하면 A가 B에게 돈을 빌려준 후 변제기간이 지났
음에도 불구하고 B가 빌린 돈을 갚지 않으면 A는 B를 상대로
'대여금반환청구소송'을 제기하여 승소판결을 받아 B 소유의
부동산을 경매신청하는 것을 말한다.
즉 강제경매는 확정판결 등 채무명의를 필요로 하는 경매
를 말한다. 참고로 채무명의는 확정된 종국판결, 가집행선고
있는 종국판결, 집행판결, 소송상의 화해조서, 제소전화해조서,
청구의 인낙조서, 확정된 지급명령, 가압류 및 가처분명령, 공정
증서, 조정조서 및 조정에 갈음하는 결정 등이다.

임의경매는 강제경매와 달리 채무명의를 필요로 하지 않는다. 임의경매는 '담보권의 실행 등을 위한 경매'라고 말한다.

그 이유는 임의경매는 저당권 또는 질권 등 부동산에 담보를 설정한 채권자들이 채무자가 담보에 해당하는 금전채권을 변제하지 않을 경우 채무명의 필요 없이 곧바로 담보권에 기해 경매를 신청하는 절차를 말한다. (근)저당권자 이외에도 전세권자나 가등기담보권자들의 경우도 임의경매를 신청할 수 있다.

결과적으로 강제경매나 임의경매 모두 신청할 때만 다를 뿐 채권자의 금전채권을 만족하기 위한 강제집행절차이고 나아가 그 진행절차는 모두 동일하기 때문에 큰 차이가 없다. 따라서 경매의 종류는 이 정도만 알고 있으면 충분하다.

기간입찰제도
알고 있으면 편리하다

과거의 입찰 방법은 특정한 어느 날을 매각기일로 지정하는 기일입찰 방법만 있었다. 하지만 2004년 9월 1일부터 매각 물건의 특성 및 이해 관계인 등에 대한 판사의 판단에 따라 지금까지 법원에서 실시하고 있는 통상의 기일입찰 방법 외에 기간입찰의 방법으로 경매절차를 진행할 수 있도록 입찰 방법이 추가되었다.

기간입찰이란 통상의 입찰방법인 기일입찰과는 달리 1주일 이상 1개월 이하의 범위 안에서 입찰기간을 정하여 원격지 거주자들도 등기우편의 방법으로 입찰에 참여할 수 있도록 한 방법을 말한다.

즉 기간입찰은 매수기회를 확대하기 위한 방법이라고 할 수 있다. 멀리 떨어져 있거나 교통이 불편하여 입찰참가가 어려운 사람들에게 일정한 기간을 정해놓고 우편으로 입찰에 참가할 수 있도록 배려해 주는 제도라고 할 수 있다.

이 방법은 입찰기간 종료 후 1주 안으로 매각기일을 정하여 입찰함을 경매 법정에 옮긴 후 입찰자의 면전에서 매각절차를 실시하는 절차를 밟는다. 다만 입찰기간 및 매각기일은 법원의 경매법정 및 경매사건수 등을 고려하여 각 법원이 적절히 조절하기도 한다.

◼ 기간입찰의 구체적 방법

경매법정에서 입찰함에 입찰봉투를 투입하는 기입입찰과는 달리 기간입찰은 입찰기간 내에 집행관 사무소에서 입찰봉투를 직접 제출하거나 집행관을 수취인으로 하여 등기우편으로 제출할 수 있는 편리함이 있다.

예를 들어 제주도 사람이 서울에서 입찰에 참가할 경우 과거에는 직접 법원에 방문해야 했지만 지금은 직접 법원을 방문하지 않고도 등기우편으로 입찰에 참여할 수 있는 장점이 있다.

기간입찰제에서는 각급 법원에 개설된 보관금 예금 계좌에 매수신청보증금을 납부한 후 발급 받은 보관금 영수필 통지서를 법원에 비치된 입금증명서 양식에 첨부한 후 입찰표와 함께 입찰봉투에 넣어 제출하거나 또는 일정액의 보증료를 지불하고 발급 받은 경매보증보험증권증서와 입찰표를 입찰봉투에 넣어 제출하는 방법이기 때문에 큰 어려움이 없다.

나아가 입찰에 참가한 후 최고가매수신고인 및 차순위매수신고 인이 아닌 경우에는 입찰 당시 납입했던 매수신청보증금을 반환 받아야 하는데 이 경우에는 보관금납부서에 기재한 잔액환급계 좌에 입금하여 반환해 주기 때문에 별도의 절차 없이 안전하게 환급을 받을 수 있다.

또한 보증보험증권으로 매수신청보증금을 대신 한 경우에는 원 칙적으로 입찰에 참가한 이후에는 보증료가 반환되지 않기 때문 에 보증보험으로 매수신청보증금을 납부할지 현금으로 납부할 지를 분명히 하고 선택하는 것이 비용을 절감할 수 있다.

과거와 달리 입찰에 참가하기 위해 납부하는 매수신청보증금(흔 히 입찰보증금이라고도 함)은 현금(수표 포함)으로만 가능했지 만 지금은 보증보험증권으로도 대체할 수 있는 길이 열려 있어 매수신청보증금이 부족한 경우 보증보험료로 대체할 수 있는 장점이 있다.

하지만 앞서 언급한 대로 보증보험료는 반환받지 못하는 경우가 있으므로 이 점에 꼭 계산을 하고 판단하는 것이 좋은 방법이라 고 할 수 있다.

기간입찰제를 이용하기 위해서는 몇 가지 주의할 사항이 있다.

첫째, 입찰표의 작성이다. 특히 입찰표를 작성할 경우 주의해야 할 점은 입찰가격의 기재를 정정하거나 불명확하게 기재한 경우에는 입찰에서 무조건 제외된다. 따라서 입찰표를 정정하기 위해서는 반드시 새로운 기간입찰표를 다시 작성해야 문제가 없다.

둘째, 매수신청보증금은 앞서 설명한 대로 입금증명서 또는 보증보험에서 발급 받은 보증서 중 어느 하나를 선택하여 입찰봉투에 넣어 제출해야 한다.

셋째, 첨부서류로는 본인임을 확인할 수 있는 서류를 첨부해야 하는데 개인은 주민등록등본, 법인은 법인등기부등본, 법정대리인은 호적등본, 임의대리인은 대리위임장(위임인의 인감도장 날인할 것) 및 인감증명서, 공동입찰의 경우에는 공동입찰신고서 및 공동입찰자목록을 제출해야 한다. 그런데 여기서 주의할 점은 이들 서류들은 반드시 발행일로부터 3개월 이내의 것만 제출해야 문제가 없다.

끝으로 차순위매수신고를 하고자 하는 사람은 반드시 매각기일에 참석하여 신고해야 한다. 또한 최고가매수신고인이 2인 이상일 경우에는 그 입찰자들만을 상대로 하여 기일입찰방식으로 추가 입찰을 한다.

권리분석 안전하게 시작하는 15가지 법칙

권리분석을
잘하려면 등기부를
먼저 분석해라

권리분석의 첫 번째 핵심은 등기부를 분석하는 것이라고 할 수 있다. 즉 등기부만 분석할 수 있다면 권리분석은 이미 가능하다고 할 수 있다.

그 이유는 등기부에는 권리분석에 필요한 법률용어가 등장하고 있어 그 용어를 알 수 있다면 상당한 수준의 법률지식이 있다고 볼 수 있기 때문이다. 나아가 가장 먼저 권리분석을 할 때 참조해야 할 공부도 등기부이기 때문에 등기부를 분석할 줄 아는 것이야 말로 권리분석의 시초다.

등기부에 대하여 간단히 설명하면 해당 부동산의 소유자는 누군지, 그 부동산의 면적은 어떻게 되는지, 그 부동산에는 어떤 권리가 설정되어 있는지 등에 대하여 모든 사람들이 쉽게 보고 판단할 수 있도록 기록해 놓은 장부다.

등기부의 종류는 3가지로 구분할 수 있다. 바로 토지등기부, 건물등기부, 집합건물등기부이다. 똑같은 부동산인데 토지와 건물을 분리해서 등기부를 만든 이유는 우리나라 민법이 건물을 하나의 독립된 부동산으로 취급하여 토지등기부와 건물등기부로 구성하고 있기 때문이다.

다음으로 집합건물등기부가 있는데 여기서는 토지등기부가 따로 있는 것이 아니고, 토지와 건물을 함께 정리해서 기록하고 있다. 집합건물등기부는 다세대 주택, 연립주택, 아파트와 같은 공동주택의 경우만 집합건물등기부로 분리하게 된다. 집합건물등기부에는 토지 부분을 '대지권의 목적인 토지'로 표시한다.

그러나 위 세 종류 등기부도 그 기본구성은 표제부, 갑구, 을구로 되어 있는 공통점이 있다. 참고로 등기부에 관한 사항을 설명하는 중에는 어려운 용어들이 등장하게 되는데, 걱정할 필요가 없음을 미리 밝혀 둔다. 앞으로 이 책에서 자세하고도 쉽게 설명할 예정이므로 그런 용어들이 있구나 하는 정도만 알고 있으면 충분하고 등기부의 구성 정도만 기억하고 있으면 된다.

〈표 1〉 토지등기부

등기부 등본 (말소사항 포함) – 토지

서울특별시 종로구 혜화동 xxx-00   고유번호 1103-1996-771097

【 표 제 부 】   (토지의 표시)

표시번호	접수	소재지번	지목	면적	등기원인 및 기타사항
1 (전2)	1978년 6월15일	서울특별시 종로구 혜화동 xxx-00	대	661m²	부동산등기법 제177조의 6 제1항의 규정에 의하여 2000년 5월 15일 전산이기

【 갑   구 】   (소유권에 관한 사항)

순위번호	등기목적	접수	등기원일	등기원일
1 (전11)	공유지전원 지분전부 소유이전	1996년 7월1일 제32311호	1976년 7월1일 매매	소유자 최xx 520617-2****** 서울 종로구 혜화동 xxx-00 부동산등기법 제177조의 6 제1항의 규정에 의하여 2000년 05월 15일 전산이기
~~2~~	~~압류~~	~~2002년4월 13일 제21662호~~	~~2002년 4월4일 압류 (건축 58550-2060)~~	~~권리자 서울특별시종로구~~

【 을   구 】   (소유권 이외의 권리에 대한 사항)

순위번호	등기목적	접수	등기원일	권리자 및 기타사항
~~1 (전11)~~	~~근저당권 설정~~	~~1999년 10월29일 제55534호~~	~~1999년 10월29일 설정계약~~	~~채권최고액 금일억삼천만원~~ ~~채무자 최00~~ ~~서울 종로구 혜화동 xxx-00~~ ~~근저당권자주식회사한빛은행~~ ~~110111-0023388~~ ~~서울중구남대문로2가 1111~~

〈표 1〉에서 보듯이 토지등기부의 구성을 살펴보면 첫 번째 장에 누구나 쉽게 알아볼 수 있도록 '등기부등본-토지'라고 기재되어 있어 토지등기부임을 어려움이 없이 알 수 있다. 그 다음 두 번째로는 표제부가 있다. 표제부의 '표시번호란'은 등기부에 등기한 순서를 기재한다. 그런데 '표시번호란'에는 '1(전2)'라고 기재되어 있는데 이것은 등기부가 전산화되면서 발생한 것으로 과거 전산화 되기 전의 등기부 표시번호를 의미한다. 즉 〈표 1〉의 표시번호란에 있는 '1'은 현재 전산화된 등기부의 표시번호이고, '(2)'는 구 등기부의 표시번호를 뜻한다.

셋째, '접수'란이 있는데 여기서는 등기를 신청한 일자 즉 접수일을 기재한다.

넷째, 소재지번과 지목이 있는데 소재지번란은 부동산이 위치한 주소를 기재하고 지목란은 토지의 용도를 기재한다. 표제부를 지나면 갑구가 나온다. 갑구에서는 소유권에 대한 사항이 기재된다. 다시 말해서 갑구에는 현재 부동산의 소유자가 누구인지를 기재한다.

나아가 갑구에서는 그 소유권에 대한 제한 사항으로 각종 세금 또는 공과금 등의 체납으로 인한 압류등기, 어떤 소송이 끝날 때까지 채권자의 재산을 보전하기 위해 하는 가압류 등기, 매매의 예약으로 향후 본등기의 순위를 확보하기 위해 미리 하는 가등기, 경매신청으로 인한 경매개시결정등기, 소유권에 대하여 말소하거나 회복을 하기 위해 소송이 진행되고 있음을 미리 알려주는 예고등기, 어떤 분쟁으로 현재 부동산의 소유자가 그 부동산을 처분하지 못하도록 채권자가 하는 가처분등기 등이 기재된다.

끝으로 앞서 설명한 권리들에 대하여 등기가 된 후 그 등기의 변경 또는 말소되는 경우 그에 관한 사항까지도 갑구에 기재된다.

갑구 다음으로는 을구가 있다. 을구에서는 앞서 설명한 등기사항 이외의 권리에 관한 사항을 기재한다. 예를들면 지상권, 지역권, 전세권, (근)저당권, 권리질권, 임차권에 대한 사항이 기재된다.

아울러 갑구와 을구에 기재된 등기사항이 말소되는 경우에는 〈표 1〉처럼 가로줄을 그어 말소된 것을 표시해주고 있고, 어떤 이유로 말소되었는지 그 사유에 대해서도 기재한다.

그리고 을구가 없는 등기부가 있는 경우도 있다. 그 이유는 을구에 기재할 사항이 없었거나 말소된 경우에는 따로 을구를 작성하지 않기 때문이다. 따라서 잘못된 등기부가 아님을 알고 있으면 된다.

〈표 2〉 건물등기부

등기부등본 (말소사항 포함) 건물

서울특별시 종로구 혜화동 xxx-00 　　　　　고유번호 1103-2002-001598

【 표 제 부 】　　　　(건물의 표시)

표시번호	접수	소재지번 및 건물번호	건물내역	등기원인 및 기타사항
1	2002년 6월 12일	서울특별시 종로구 혜화동 xxx-00	철근콘크리트조 (철근)콘크리트지붕 단독주택 지1층 67.65㎡ 1층 129.96㎡ 2층 55.56㎡ 옥탑 17.9㎡	

〈표 2〉에서 보듯이 건물등기부도 '등기부등본-건물' 이라고 표시되어 있어 쉽게 건물등기부임을 알 수 있다. 건물등기부도 표제부와 갑구, 을구에 기재되는 사항은 토지등기부와 동일하다. 따라서 토지등기부를 이해하였다면 건물등기부를 분석하는데 어려움은 없다.

참고로 건물등기부에는 토지등기부와 다른 점이 하나 있는데 건물내역이 바로 그것이다. 건물내역은 건물의 층수 및 구조 등에 대한 사항을 기재한 것으로 이해하는데 큰 어려움은 없다.

〈표 3〉 집합건물등기부

등기부등본(말소사항 포함) – 집합건물

서울특별시 서초구 방배동 956-00
서울아파트 제7층 제xxx호   고유번호 1102-2002-007085

【 표 제 부 】   (1동의 건물의 표시)

표시번호	접수	소재지번 및 건물번호	건물내역	등기원인 및 기타사항
1	2000년 10월 21일	서울특별시 서초구 방배동 956-00 서울아파트	철근콘크리트조 철근콘크리트슬래브지붕 7층 아파트 1층 219.26㎡(2세대) 2층 317.53㎡(3세대) 3층 317.53㎡(3세대) 4층 317.53㎡(3세대) 5층 317.53㎡(3세대) 6층 317.53㎡(3세대,601호복층) 7층 317.53㎡(3세대) 지하11층 502.69㎡ 주차장 11.28㎡ 기계실 4.41㎡ 엘리베이터 지상1층 7.29㎡ 경비실 옥탑1층 22.56㎡(연면적 제외) 옥탑2층 24.00㎡(연면적 제외)	

(대지권의 목적인 토지의 표시)

표시번호	소재지번	지목	면적	등기원인 및 기타사항
1	1.서울특별시 서초구 방배동 956-00	대	671.6㎡	2002년 10월 31일

【 표 제 부 】   (전유부분의 건물의 표시)

표시번호	접수	건물번호	건물내역	등기원인 및 기타사항
1	2003년 10월 31일	제7층 제701호	철근콘크리트조 76.95㎡(6층) 53.20㎡(7층)	

	(대지권의 표시)		
표시번호	대지권종류	대지권비율	등기원인 및 기타사항
1	1 소유권대지권	671.6분의 49.668	2002년 10월 25일 대지권 2002년 10월 31일
2			별도등기있음 1토지(을구1번 근저당권 설정등기) 2002년 10월 31일
3			2번 별도등기 말소 2002년 12월 2일

집합건물등기부도 〈표 3〉에서 보듯이 〈등기부등본-집합건물〉
이라고 기재되어 있어 그 종류를 알아보는데 큰 어려움이 없다.
앞서 설명한 대로 집합건물은 공동주택의 경우에 만들어지는 장
부라고 보면 된다.

집합건물등기부는 토지와 건물등기부와는 그 구성에 있어 약간
차이가 나는 특징이 있다. 토지는 등기부의 표제부에 '토지의
표시'라고 기재되어 있다. 하지만 집합건물등기부는 토지에
관한 사항을 표시하기 위해 '대지권의 목적인 토지의 표
시'라고 기재한다. 그 이유는 공동주택 등은 여러 세대가 토지
를 독점적으로 사용하는 것이 아닌 공동을 사용하고 있는 것이
기 때문에 그 표시를 토지라고 하지 않고 '대지권'이라고 한다.
그 다음으로 건물에 관한 사항은 '전유부분의 건물의 표
시'라고 기재한다. 여기서 전유부분이란 아파트의 경우 한 세
대가 독점으로 사용할 수 있는 건물의 부분, 즉 공용부분을 뺀

실제 살고 있는 전용 평수를 의미한다.

또 하나 다른 점은 집합건물등기부에는 '대지권 표시' 부분이 있고, 여기에는 대지권의 종류와 대지권의 비율을 기재한다.

먼저 대지권의 종류를 살펴보면, 이 부분에는 대지권을 사용할 수 있는 권리, 그 대지권이 소유권임을 표시하고 있다.

그 다음으로 '대지권의 비율'이 있다. 대지권의 비율은 아파트나 연립주택 등에서 함께 사용하고 있는 토지를 단독으로 소유하지 못하고 있기 때문에 이를 비율로 계산하여 각 소유자의 지분을 기재하고 있는 것을 말한다. 나머지 사항은 앞서 설명한 토지 및 건물등기부와 동일하다

물권과 채권의 구별이 권리분석을 좌우 한다

권리분석을 위해서는 민법에서 정하는 권리들을 반드시 이해하고 있어야 가능하다. 그런데 그 중에서도 가장 중요한 것은 바로 물권과 채권에 대한 개념을 이해하고 있어야 한다.

나는 한국토지신탁에서 경매 강의를 한 적이 있다. 강의를 하던 중에 한 가지 느낀 점이 있었다. 수강생들은 누가 경매로 돈을 벌었다더라 하는 사례를 설명할 경우에는 눈에 총기가 번득였다. 하지만 경매에 필요한 법률이나 물권과 채권에 관한 사항을 설명하면, 조는 분들도 있었다.

남이 돈을 번 사례는 하나의 자극이나 모델로 삼으면 충분하다. 더 이상의 기대는 필요가 없다. 그 이유는 그들이 나를 대신해서 돈을 벌어주지 않기 때문이다.

나는 최대한 쉬운 말로 물권과 채권에 대해서 설명을 했고 그들에게 다시 한 번 되물어 하나라도 기억할 수 있도록 말했다. 모두가 다 알고 간 것은 아니지만 강의가 끝난 후 물권과 채권에 대한 개념이 정립됐다는 분들도 있었다. 이 말을 하는 이유는 바로 권리분석이 제대로 될 때 경매로 성공할 수 있다는 것을 알려주고 싶어서다.

아무리 좋은 사례라도 말로 들어서는 그 경지에 이를 수 없다. 다소 어렵고 힘들더라도 정확하게 용어를 정의하고 이해한 다음 스스로가 권리분석을 할 줄 알아야 부자들의 대열에 합류 할 수 있기 때문이다.

따라서 권리분석에 관한 용어들을 설명하는데 이해가 잘 안될 경우에는 이 책을 3번 정도 더 읽기를 권한다. 그런 후에는 권리분석의 기초가 반드시 서 있다는 것을 본인 스스로도 알게 될 것이라고 확신한다.

그 이유는 이 책이 그 만큼 쉽고, 일목요연하게 설명되어 있기 때문이다. 아무리 어렵게 생각하는 독자라도 3번 정독하면 충분히 이해할 수 있을 것이기 때문에 약간의 시간 투자로 좋은 결과를 얻을 수 있을 것으로 기대한다.

❏ 물권의 객체는 물건임을 알아야 한다

조금은 어려운 말이겠지만 물권을 일반적으로 정의한다면 '물권

은 특정된 물건을 직접 지배해서 이익을 얻는 배타적 권리' 라고
할 수 있다. 여기서 물권의 객체가 되는 물건은 동산이나 부동산
을 말한다.

즉 물권은 물건에 대하여 갖는 권리를 말하며 우리가 지금 부동
산 경매를 공부하고 있기 때문에 동산은 제외하기로 하고 간단
하게 부동산에 대하여 갖는 권리라고 생각하면 된다.

물권을 예를 들어 설명하면 A가 자기 소유의 부동산에 대
하여 다른 사람에게 팔수도 있고 임대해 주고 임대료를 받
아 수익을 낼 수도 있는 권리를 말한다. 따라서 물권은 어떤
물건(부동산)에 대하여 독점적으로 지배할 수 있는 권리가 되며
반드시 공시를 갖추어야 하는 경우가 보통이다.

여기서 공시방법이라는 것은 동산의 경우는 '점유' 를 하는 것이
고, 부동산의 경우 '등기' 하는 것을 말한다. 위와 같이 물권은
공시방법 즉 등기를 통하여 실현되기 때문에 물권 상호간의 순
위는 시간 순서에 따라 정해진다.

다시 말해 먼저 성립되어 등기된 물권이 그렇지 않은 물권보다
순위가 앞서게 된다. 예를 들면 2004. 3. 1. 설정된 근저당권
은 2005. 3. 1. 설정된 근저당권보다 그 순위가 앞선다고 보면
된다.

이것은 권리분석에서 아주 중요한 것이기 때문에 꼭 기억하고
있어야 한다. 정리하면 '물권 상호간에는 시간 순서에 따라
그 순위가 정해진다' 라고 기억하고 있으면 된다. 따라서 등
기부에서 물권 상호간의 순위를 알아보는 것은 너무 쉽다고 할

수 있다. 그 방법은 등기부에 기재되어 있는 순위번호와 접수번호만 확인하면 된다.

물권 순위는 시간순서에 따라 정해지는 것이기 때문에 순위번호와 접수번호가 앞선 물권이 그렇지 않은 물권보다 앞선다는 것은 당연한 논리라고 할 수 있다.

물권에 대한 종류를 알아보면 소유권, 점유권, 전세권, 지상권, 지역권, 저당권, 유치권, 질권의 여덟까지가 있다. 여기서 전세권, 지상권, 지역권은 사용 또는 수익할 수 있기 때문에 '용익물권'이라고 말하고 저당권, 유치권, 질권은 담보의 제공을 위해 설정되기 때문에 '담보물권'이라고 말한다.

끝으로 관습법상 물권으로 인정되는 관습법상분묘기지권과 법정지상권이 있다. 이 두 가지는 항상 권리분석을 할 때 주의를 필요로 하고 나아가 이 두 가지 권리를 정확히 파악하면 큰 돈을 벌수도 있기 때문에 꼭 기억하고 있어야 한다.

다만 자세하고도 쉬운 설명은 추후에 하도록 할 예정이므로 그 중요성만 인지하고 있으면 충분하다.

□ 물권의 종류와 그 특징

종 류	내 용
소유권	소유자가 법률이 정한 범위 내에서 그 소유물을 사용하고 수익하며, 처분할 수 있는 권리

점유권		소유권과 관계없이 물건을 사실상 지배하고 있는 경우의 지배권, 즉 현재 실제로 점유(지배)하고 있는 상태의 권리
용익물권 (사용하기 위한 물권. 용익하기위해 설정)	전세권	전세금을 지급하고 다른 사람의 부동산을 정해진 용도에 맞게 사용하고 수익하는 권리
	지상권	다른 사람의 토지에 건물 기타의 공작물이나 수목을 소유하기 위해 그 토지를 사용할 수 있는 권리
	지역권	일정한 목적을 위해 옆에 인접한 다른 사람의 토지를 자기의 토지에 물을 대거나 하는 편익을 위한 권리
담보물권 (담보제공을 위한 물권. 담보를 제공하기 위하여 설정)	저당권	채무자가 담보로 제공한 부동산을 인도받지 않고, 관념상으로만 지배하고 채무를 변제치 않을 경우 채권자가 그 부동산으로부터 우선변제를 받을 수 있는 권리
	유치권	다른 사람의 물건을 현실적으로 점유한 자가 그 물건에 대하여 생긴 채무를 변제받을 때까지 계속 유치(보유)할 수 있는 권리
	질권	채권자가 돈은 빌려주면서 물건을 질(일종의 담보)로 잡고 갚지 않을 때는 그 목적물에서 우선변제 받을 수 있는 권리. 다만 질권은 부동산이 아닌 동산에만 적용되는 동산 고유의 물권이다. 따라서 경매의 경우에는 신경 쓰지 않아도 되는 물권이다
관습법상 물권	관습법상 분묘기지권	다른 사람의 토지 위에 묘지를 설치하는 경우 일정한 요건을 갖추면 지상권과 유사한 관습상의 물권으로 인정해 주는 권리
	관습법상 법정지상권	동일한 소유자에 속한 토지와 건물이 매매 등 다른 사유에 의해 그 소유를 달리하게 된 경우, 특히 그 건물을 철거한다는 특별한 약속이 없는 그 건물의 소유자에게 토지 위에 관습상의 지상권을 인정해 주는 권리

표로 만들었기 때문에 일목요연하게 정리할 수 있다. 각 권리들에 대한 종류와 내용을 여러 번 반복해서라도 꼭 기억하고 있어야 한다.

채권을 일반적으로 정의하면 '특정인이 다른 특정인에 대하여 특정의 행위를 청구할 수 있는 권리' 라고 말한다.

예를 들어 A가 자기의 주택을 B에게 임대해 주고, 그 주택을 B에게 인도해 준 후에는 A는 B에 대하여 임대료를 청구할 수 있는 권리를 말한다. 즉 A가 B에게 임대료 채권을 요구할 수 있는 권리라고 보면 된다. 그렇다면 앞서 언급한 특정인을 이해 할 수 있을 것이다.

여기서 '특정인이 다른 특정인에 대하여' 가 언급되는데 앞의 특정인은 채권자라고 보면 되고, 뒤의 특정인은 채무자라고 보면 된다. 결론적으로 채권이라는 것은 채권자가 채무자에게 어떤 특정한 행위(임대료를 지급해야 하는 행위)를 요구하는 권리라고 정의하면 된다. 나아가 채권은 물권과 달리 대부분 공시가 되지 않는 특징이 있다.

따라서 권리분석을 할 경우 물권보다 더 주의 깊게 판단을 해야 하는 경우가 많다. 그 한 예가 주택임대차보호법에 따라 인정되는 임차인이 임대인에 대하여 갖는 임대보증금 반환채권을 들 수 있다. 다만 채권 중에서도 예외적으로 임차권의 경우 임차권 등기를 통하여 공시가 가능한 경우도 있다.

물권과 채권의 우선순위만 알아도 성공 한다

     물권과 채권에 대해서 간단하게 설명을 했는데 물권과 채권은 정확하게 그 개념을 정리해 두는 것이 좋다.

그 이유는 경매물건을 권리분석 할 때 항상 나타나는 것이 이 두 권리이기 때문이다. 물권과 채권의 순위에 대해서 차차 설명할 예정이겠지만 이 두 권리를 알고 있으면 권리분석은 생각보다 쉽게 느껴질 것이다. 물권, 채권을 정확하게 구별하고 그 순위를 알고 권리분석의 기초를 세우는 방법이 가장 효과적이고 기계적으로 분석을 할 수 있는 것이기도 하다.

또한 물권과 채권의 구별을 통하여 인수되는 권리와 말소되는 권리도 함께 정리가 되기 때문에 물권과 채권의 구별은 반드시 기억하고 있어야 한다.

┈┈┈┈┈┈┈┈┈┈ ◘ 물권은 특별한 경우를 제외하고 채권보다 우선한다

우선 권리분석을 하기 위해서는 물권과 채권의 순위를 알아야 한다. 그 이유는 경매물건에는 물권과 채권이 함께 설정되기 때문이다. 이때 물권과 채권은 충돌을 일으키게 되는데 이를 방지하고 일정한 규칙을 위해 물권과 채권의 순위를 정하게 되는 것이다.

원칙적으로 물권은 특별한 경우를 제외하고는 성립시기와 관계없이 채권보다 우선한다. 이를 '물권우선주의'라고도 말한다. 다만 채권의 경우도 공시방법을 갖춘 경우에는 물권과 시간순서에 따라 그 순위가 결정된다.

예를 들면 임차권등기나 소유권이전가등기의 경우 비록 채권이라고 하더라도 공시방법으로서 등기를 했기 때문에 '물권화된 채권'으로 취급을 받게 된다. 이런 종류의 채권이 특별한 경우에 해당된다고 보면 된다.

┈┈┈┈┈┈┈┈┈┈ ◘ 사례를 통한 물권과 채권의 순위 구별하기

물권과 채권에 대하여 그 순위를 정확히 이해하기 위해서는 사례를 통해 알아보는 것이 더 효과적이라고 할 수 있다. 다음에서 설명하는 기본사례를 통하여 정확하게 익히도록 한다.

<매각대금 : 5,000만 원>

권리내역	권리 발생일	청구금액	배당순위	배당액
A 일반채권	2004. 4. 1.	1,000만 원	2	0원
B 일반채권	2004. 5. 1.	2,000만 원	2	0원
C 근저당권	2004. 5. 7.	5,000만 원	1	5,000만 원

사례를 보면 채권자와 근저당권자의 시간순서는 A, B, C 순서로 되어 있다. 시간순서로만 보거나 인간의 감정적인 면으로 보면 배당이 잘못 되어진 것처럼 보일 것이다.

그러나 우리 민법은 이를 허용하지 않고 있다. 앞서 언급한 대로 물권이 채권에 우선한다는 원칙대로 분석을 해서 배당을 해야 한다. 따라서 물권우선주의 원칙에 따라 순위를 매기고 배당을 하게 되면 C의 권리가 물권인 근저당권이기 때문에 1순위가 되고, A와 B의 권리는 채권인 관계로 함께 2순위가 된다.

사례에서는 C가 1순위이기 때문에 매각대금(낙찰대금) 5,000만 원 전부를 배당받게 되고, A와 B는 한 푼도 배당을 받을 수 없게 된다. 여기서 A와 B를 함께 2순위로 한 것은 다음에서 설명한 예정이지만 채권자 상호간에는 순위가 없고 공평하게 채권액에 따라 배당을 받아야 하는 관계로 2순위가 된 것이다. 다만 A와 B가 일반채권자가 아닌 가압류채권자일 경우에는 상황이 달라진다. A와 B가 가압류채권자일 경우에는 A, B, C 세 명이 모두 공평하게 채권액에 비례해서 배당을 받게 된다.

이 부분은 가압류 부분에서 자세하게 설명할 것이므로 이 정도

만 알고 있으면 충분하다. 그렇다면 여기서 말하는 일반 채권자
란 무엇을 의미 하는지 궁금할 것이다.

일반채권자는 채권자가 채무자에 대하여 채권이 발생한 이후 채
무자가 이를 변제하지 않게 되면, 채권자는 소송을 통하여 확정
판결을 받아 경매물건에 배당요구를 하게 되는데 이 때의 채권
자를 일반채권자라고 한다.

□ 물권 상호간에는 시간순서에 따라 결정 된다

물권 상호간의 우선순위는 앞서 언급한 바와 같이 그 시간 순서
에 따라 순위가 결정된다. 등기부상에 먼저 등기된 물권이 그렇
지 않은 물권보다 그 순위가 앞선다고 보면 된다.

따라서 물권 상호간에 대한 권리분석은 어려운 부분이 없기 때
문에 누구나 쉽게 구분할 수 있다. 사례를 통하여 다시 한 번 확
인하도록 한다

〈매각대금 6,000만 원〉

권리내역	등기일	청구금액	배당순위	배당액
A 근저당권	2004. 4. 1.	2,000만 원	1	2,000만 원
B 전세권	2004. 6. 1.	3,000만 원	2	3,000만 원
C 근저당권	2004. 7. 7.	2,000만 원	3	1,000만 원

사례에서는 A, B, C 전부 물권이다. 그런데 각 물권의 등기일을

보면 그 순서가 A, B, C로 되어 있어 그 순위도 등기일과 함께 정해진다. 즉 물권은 시간이 앞서면 순위도 앞서기 때문에 위와 같이 순위가 정해진다.

배당관계를 보면, A와 B는 청구금액 전부를 배당 받을 수 있지만, C는 그 순위가 제일 후순위이기 때문에 청구금액은 2,000만 원이지만 A와 B가 매각대금 중에서 이미 배당을 받고 남은 1,000만 원만 배당을 받을 수 있게 된다.

참고로 채권이라도 공시를 갖춘 채권(임차권등기, 대항력과 확정일자를 갖춘 임차인)은 비록 그 성질이 채권이라도 물권과 함께 공시를 갖춘 순서(시간순서)에 따라 그 순위가 정해진다.

배당순위도 알아야 전략적 접근이 가능하다

권리분석을 할 경우 배당순위도 정확히 알고 있어야 전략적 접근이 가능하다. 배당금액의 많고 적음에 따라 낙찰자인 매수인의 대응전략이 달라질 수도 있기 때문에 반드시 배당순위와 배당금액을 알아둘 필요가 있다.

그 이유는 대항력이 없는 임차인이 배당을 받았지만 처음 입주할 때 임대인에게 지급한 임대보증금 전부를 받지 못하는 경우가 있다. 이때 매수인은 임차인을 내보내기 위해 임차인과 어려운 협상을 해야 하기 때문이다. 만약 임차인이 배당을 많이 받았다면 매수인의 입장에서는 협상 초기부터 꿀리고 들어갈 필요가 없다. 배당을 받은 임차인은 이미 자기 채권을 만족했기 때문에 아무래도 협상에 적극적으로 임하게 되기 때문이다.

일반적으로 배당순위는 권리의 순위와 함께 하는 경우가

대부분이다. 다만 권리가 최선순위 임에도 불구하고 어떤 경우에는 배당을 먼저 받는 경우도 있다. 그런 경우는 특별히 법률로 정해져 있기 때문에 큰 문제는 되지 않는다. 낙찰자인 매수인은 배당금액에 대하여 부담할 경우는 없기 때문에 배당금액 자체로서는 큰 문제는 없다.

과거와 달리 민사집행법에서는 배당요구의 종기를 상당히 중요시 하고 있다. 그 이유는 채권자가 배당요구의 종기까지 배당요구를 하지 못하면 배당에서 완전히 배제되기 때문이다.

특히 집행력 있는 정본을 가진 채권자, 경매개시결정기입등기 후에 가압류를 한 채권자, 첫경매개시결정기입등기 후의 저당권자, 전세권자, 등기된 임차권자, 주택임대차보호법 또는 상가건물임대차보호법상의 최우선변제권 또는 우선변제권을 가진 임차인, 체불 임금 근로자, 조세 기타 공과금 채권 등은 반드시 배당요구의 종기까지 배당요구를 해야 배당에서 제외되지 않는다.

참고로 배당요구를 하지 않아도 당연히 배당이 되는 권리도 있는데 이미 배당요구를 해야만 하는 채권자를 언급했기 때문에 특별히 언급을 하지 않도록 한다. 배당요구의 종기는 법원이 첫 매각기일 이전의 특정일까지 배당요구를 하도록 공고한 날이 된다.

즉 배당요구의 종기는 법원이 직접 지정하기 때문에 채권자들은 그 종기일을 반드시 기억하고 있어야 한다. 실무적으로 배당요구의 종기는 첫 매각기일의 1월 이내로 정하는 것이 통상적이라고 할 수 있다.

또한 배당요구는 배당기일까지만 철회를 할 수 있다는 점을 알고 있을 필요가 있다. 배당요구를 한 채권자는 배당요구의 종기가 지난 다음에는 이를 철회할 수 없기 때문이다. 배당요구의 철회는 입찰을 할 때 상당히 중요한 사항이기도 하다.

그 이유는 배당요구를 철회한 후 다시 배당요구를 하는 경우가 있는데 이 때 외부에 철회 사실이 잘 드러나지 않는 경우도 있으므로 입찰 당일 날까지 경매기록을 철저하게 파악해야 한다.

◻ 경매비용은 제일 먼저 배당 받는다

경매 물건에 있는 권리자 중에서 그 순위가 최우선순위인 경우라도 경매비용보다는 우선해서 배당을 받지 못한다. 즉 매각대금에서 가장 먼저 배당되는 것이 경매비용이다.

그 이유는 경매비용은 경매를 통하여 채권자들에게 배당이 이루어지는데, 이는 모든 채권자들을 위한 비용으로 보기 때문이다.

아래의 표를 통하여 배당순위를 정리하도록 한다.

순위	채권의 종류
1	경매집행비용
2	주택임대차보호법상의 소액임차인의 보증금 중에서 우선변제금, 최종 3개월분의 임금 및 퇴직금
3	국세 중 당해세 및 그 가산금 채권(당해세 : 상속세, 증여세, 토지초과이득세, 재산세, 농지세, 등록세, 취득세, 도시계획세)
4	저당권, 전세권, 담보가등기, 당해세 외의 조세채권으로 국세 및 지방세, 확정일자를 갖춘 임대차보증금
5	임금채권 중 위 2순위의 최종 3개월분의 임금을 제외한 나머지 임금채권
6	저당권 등의 설정등기일보다 그 법정기일이 이후인 국세 및 지방세
7	국민연금, 국민건강보험금, 기타 공과금
8	이외 기타 일반채권

# 권리분석은 제일 먼저 담보의 기준일을 보면 쉽다

앞에서 설명한 물권끼리의 순위, 물권과 채권간의 순위 등에 대하여 어느 정도 이해를 했다면 이미 권리분석의 반은 끝난 것이나 마찬가지다. 물권 상호간 또는 물권과 채권 상호간의 순위를 배우는 중에는 물권이 뭐고, 채권이 무엇인지가 이미 알게 되어 있기 때문이다.

앞 부분이 권리분석의 50%를 차지한다고 해도 과언이 아니다. 그 만큼 앞의 4가지 부분이 중요한 것이기 때문에 만약 이해를 하지 못했다면 지금 다시 한 번 정독을 하는 것이 좋을 것이라고 생각한다.

지금까지는 물권과 채권에 대한 거시적인 측면을 설명했다. 앞으로는 물권의 종류별, 채권의 종류별로 나눠서 그 각 권리들 사이의 상호관계를 알아보도록 한다.

참고로 거시적인 물권이 거시적인 채권보다 앞서면 미시적인 각
권리들 간에서도 앞서게 되는 것이기 때문에 앞의 물권과 채권
상호간의 원칙을 적용하면 어려움이 없을 것이라고 본다.
다만 약간의 예외적인 부분이 나오게 되는데 그런 경우에는 그
때그때 자세히 설명하도록 한다.

◪ 등기부의 담보설정은 근저당권이 제일 많다

우리가 등기부를 확인해 보면 담보로 잡혀있는 것의 대부분이
근저당권임을 확인할 수 있을 것이다. 그런데 물권의 종류를 보
면 저당권이 있고, 근저당권이 있기 때문에 약간은 혼란스러울
수도 있을 것이다.
하지만 걱정할 필요가 없다. 경매물건에는 대부분의 담보가 근
저당권이기 때문이다. 그럼 근저당권을 알기 위해 먼저 저당권
에 대해서 간단하게 설명을 하도록 한다.
저당권이란 채권자가 채무자에게 돈을 빌려주면서 부동산에 대
한 점유나 사용은 그대로 채무자가 하도록 해 주고, 채권자는 관
념상으로만 지배하여 채무자가 변제기에 그 채무를 변제하지 않
으면 채권자는 그 부동산에 대하여 우선변제를 받을 수 있게 되
는 물권을 말한다.
예를 들어 설명하면 A가 B에게 돈을 빌려주고 그 담보를 위해
B의 부동산에 저당권을 설정하고, B는 여전히 자기의 부동산을

계속해서 점유하고 사용하게 된다. 이후 B가 약속한 날짜에 돈을 갚지 않으면 A는 B의 부동산에 대해 경매를 신청하여 자기의 돈을 우선 변제 받을 수 있는 것을 말한다.

근저당권도 저당권이다. 다만 근저당권은 민법에서는 '특수한 저당권'이라고 분류를 한다. 근저당권은 채무자가 금융기관 등으로부터 돈을 빌리게 되는데, 이런 경우 돈을 빌리는 사람(주로 기업이나 상인들)은 채권자와 계속적 거래를 원하게 된다.

그런데 그 때마다 저당권을 설정하면 불편하기 때문에 거래의 계속성을 유지하기 위하여 장래의 결산기까지 일정한 한도금액을 정해놓고 설정하는 저당권을 말한다.

정리하면 저당권은 특정한 금액을 한 번에 모두 대출받아 그에 관한 설정을 하는 것이고, 근저당권은 일정한 금액은 정해놓되 일정한 한도 내에서 불특정한 채권을 담보하기 위한 것이다. 근저당권이 저당권보다 많이 이용되는 이유는 현대 사회는 채권채무관계가 계속적으로 거래되는 경우가 많은데 그때마다 매번 저당권을 설정한다면 상당히 불편하기 때문에 근저당권이 많이 이용되는 것이라고 할 수 있다.

■ 등기부에 근저당권이 등기된 시점을 기준으로 삼아라

권리분석을 할 때 근저당권을 기준으로 삼으면 수월한 이유가 있다. 그것은 근저당권 이후에 설정된 권리들은 전부 말소되기 때문이다.

또한 근저당권은 낙찰자인 매수인이 두려워 할 필요가 전혀 없다. 근저당권은 어떤 경우에도 낙찰자인 매수인에게 인수되지 않기 때문이다. 심지어 근저당권자가 한 푼도 배당을 받지 못하는 경우라도 낙찰자인 매수인은 전혀 부담할 필요가 없다. 여기서 근저당권을 기준으로 해서 원칙을 정해보도록 하자.

첫째, 근저당권 이전에 다른 권리들이 있다면 우선 의심을 할 필요가 있다. 물론 근저당권 보다 앞선 권리가 있더라도 낙찰자인 매수인이 인수하지 않는 권리도 있지만 우선은 의심을 하는 것으로 한다.

둘째, 근저당권 이후에 설정된 권리들이 있다면 일단 안심하는 것으로 한다. 이 원칙을 생각하고 있다면 권리분석을 할 때 한결 수월할 것이다. 그래서 근저당권을 하나의 기준으로 삼으라고 한 것이다.

실례로 최선수위의 근저당권보다 앞서서 전세권이 설정되어 있거나 대항력을 갖춘 임차인이 있을 경우 이 때는 낙찰자인 매수인이 인수해야 하기 때문에 주의를 해야 한다.

또한 최선순위의 근저당권이 설정된 후 전세권, 지상권, 지역권 등 용익물권이 설정되어 있으면 이 때는 낙찰자인 매수인이 두려워 할 필요가 없다. 최선순위 근저당권자를 비롯해서 나머지

용익물권(전세권, 지상권, 지역권)자들은 전부 배당을 받아 가면
되기 때문이다.

그들이 자기 채권에 기한 배당금 전부를 받아가든 안 받아가든
낙찰자인 매수인은 전혀 신경 쓸 필요도 없고, 인수할 필요도
없다.

■ 등기부에 근저당권이 다수 설정된 경우

이 경우도 하나의 원칙을 알면 해결된다.

우리가 앞서 배운 물권 상호간에는 시간 순서에 따라 그 순
위가 정해진다는 말을 기억하면 된다.

예를 들어 서울 아파트에 A은행이 1순위로 근저당권을 설정한
후 차례로 B은행과 C은행이 근저당권을 했을 경우에는 어떻게
될까. 결론은 아주 쉽다. 서울 아파트에 근저당권을 설정한 후
등기한 시점을 순서로 하면 A은행이 1순위, B은행이 2순위, C
은행이 3순위가 되고, 매각대금 중에서 순서대로 배당을 받아가
면 된다. 따라서 낙찰자인 매수인은 인수할 부담이 전혀 없게 되
고 A, B, C의 모든 권리는 말소촉탁의 대상이 되기 때문에 깨끗
하게 정리된다.

먼저 서울 아파트에 근저당권이 설정된 후 전세권이 설정된 경우를 보자.

이 경우도 전세권이 물권이기 때문에 근저당권 이후에 설정되어 등기되었으므로 낙찰자인 매수인이 인수할 부담이 전혀 없고 말소촉탁의 대상이 된다. 다만 전세권이 근저당권보다 앞선 경우에는 상황이 달라진다. 이때는 전세권자가 배당요구를 하여 매각대금 중에서 배당을 받아가지 않는 한 낙찰자인 매수인은 이를 부담해야 한다.

따라서 이런 경우 입찰에 임할 경우 입찰자는 전세권자의 전세금을 향후 지급해줘야 할 만큼을 감안해서 매수를 해야 위험성이 없다. 경매 테크닉의 하나인데, 전세권을 낙찰자인 매수인이 부담한다고 해서 다 나쁜 것은 아니다. 앞서 설명한대로 전세금을 감안해서 매수를 하게 되면 적은 돈으로 부동산을 매수할 수 있는 경우가 생길 수 있다.

위와 같은 경우는 경매로 얻는 차익과 전세권자를 쉽게 구할 수 있는 일거양득의 효과를 거둘 수 있어 절호의 찬스가 될 수 있다. 인수되는 전세권이 있기 때문에 유찰이 일반 물건보다 더 되는 경우도 많다. 나아가 어느 정도 지난 후에는 적은 돈으로 시세차익까지도 얻을 수 있는 좋은 기회가 될 수 있어 향후 가격이 상승할 여력이 충분한 부동산이라면 한 번 쯤 해볼만한 가치가 있다.

그 다음으로 물권인 전세권(전세권의 경우 반드시 등기를 해야 함)이 아닌 주택임대차보호법상의 임차인이 있다. 주택임대차보호법상의 임차인은 비록 등기를 하지 않더라도 공시를 갖추게 되면, 물권과 경합을 할 때 전혀 밀리지 않고 물권과 동등하게 시간 순서에 따라 그 순위가 결정되는 특징이 있다. 임차인이 공시를 갖추기 위해서는 주택을 인도 받고 주민등록상의 전입신고와 확정일자를 갖추면 된다. 즉 대항력을 갖추면 된다.

예를 들어 서울 아파트에 대항력을 갖춘 임차인이 먼저 있고, 그 후에 근저당권이 설정된 경우에는 어떻게 될까? 이 경우도 앞서 설명한 전세권이 등기된 후 근저당권이 설정된 경우와 마찬가지로 낙찰자인 매수인은 임차인을 인수해야 하는 위험부담이 따른다.

반대로 근저당권 보다 늦게 대항력을 갖췄다면 임차인을 인수할 필요가 없다. 이 때의 임차인은 배당요구를 해서 배당금만을 찾아가면 된다. 이 경우에는 낙찰자인 매수인은 임차인을 내 보내야하는 협상의 문제만 생긴다.

임차인과 협상이 결렬된 경우에는 법원으로부터 인도명령을 받아 임차인을 내 보내는 것도 할 수 있지만, 가진 자로서의 여유를 살려 가급적 이사비를 어느 정도 부담하고 내 보내는 것이 복 받는 일이지 아닐까 생각한다.

가등기는 부동산의 소유권을 보전하기 위하여 행해지는 등기를 말한다. 즉 본등기를 하기 전에 미리 하는 등기를 말한다. 가등기에 대해서는 지금 이 정도만 알고 있으면 충분하다.

등기부에 근저당권이 설정된 후 소유권이전등기청구권가등기가 있을 경우, 비록 소유권에 대한 청구권을 보전하기 위한 가등기라 할지라도 선순위의 근저당권에 대항할 수 없다.

따라서 낙찰자인 매수인도 이를 인수할 필요가 없어 부담으로 남지 않게 된다.

6 근저당권이 많은 물건은 권리분석도 쉽고, 돈도 벌기 쉽다

경매 초보자들이 처음 권리분석을 할 때 경매물건에 근저당권이 여러 개 설정되어 있으면 부담을 느끼는 경우가 종종 있다. 어떤 경우에는 아예 입찰을 포기해 버리는 경우도 있다. 이는 경매를 진정으로 모르는 사람들의 생각이다. 앞서 설명한 한 가지 원칙을 알면 이런 경우도 쉽게 해결된다.

'물권끼리는 시간 순서에 의한다' 라는 원칙 하나만 있으면 아무런 문제가 없다. 즉 물권인 근저당권은 시간 순서에 따라 그 순위가 정해지기 때문에 아무리 많은 수의 근저당권이 설정되어 있어도 문제될 것이 없기 때문이다.

각 근저당권자들은 매각대금 중에서 배당을 받아 가면 낙찰자인 매수인이 인수할 필요가 없다. 따라서 각 근저당권은 말소촉탁의 대상이 되고 향후 등기부에서 말끔하게 그 권리가 지워지게 된다. 근저당권이 말소기준권리가 되기 때문이다.

□ 근저당권이 많으면 취하가능성이 떨어진다

사실 경매를 자주 접하다 보면 예상하지 못한 일로 원하는 물권을 매수하지 못하는 경우가 종종 있다. 시간과 돈을 들여 원하는 물건을 매수했지만 다른 이유로 목적을 달성하지 못했을 경우의 허탈함이란 느껴본 사람이라면 충분히 알 수 있을 것이다.

따라서 경매 물건을 고를 때도 경제적인 접근이 필요하다. 채무자가 돈을 갚아 경매가 취하되는 경우, 대위변제 등으로 경매물건을 포기하는 경우 등이 대표적이라고 할 수 있다.

근저당권이 여러 개 설정되어 있으면 경매 취하 가능성은 현저하게 떨어진다. 그 이유는 경매 물건에 근저당권이 여러 개 설정되어 있으면 상대적으로 채무자의 빚이 많다는 증거가 될 수 있기 때문이다. 그렇게 되면 채무자가 그 빚을 갚을 의사나 여력이 없을 가능성이 높다.

결과적으로 입찰자는 이런 물건을 골라야 중도에 경매가 취하되는 아픔을 겪지 않게 된다. 근저당권이 많이 설정되어 있어도 권리분석에는 전혀 문제가 되지 않는다. 나아가 중도에 경매가 취하되는 일도 없기 때문에 고수들은 이런 물건들을 우선 대상자로 삼는다.

마찬가지로 근저당권의 금액이 큰 경우도 1차적으로는 좋다고 할 수 있다. 만약 근저당권의 금액인 채권최고액이 적은 경우에는 채무자가 이를 변제할 가능성이 상당히 높다. 채무자로서는 어떻게 해서든 돈을 변통해 자기 소유의 부동산을 지키고자 하는 것이 인지상정이기 때문이다.

이런 경우에도 중도에 경매가 취하되는 경우가 상당히 많다. 경매 전문가들은 아예 이런 물건을 쳐다보지 않는 경우가 대부분이다. 결국 경매 물건을 고를 때도 경제적인 접근 방법이 필요하다. 처음부터 경매가 취하될 가능성이 높은 물건은 아예 포기하는 것이 현명한 방법이 아닐까 한다.

세입자가 있는 물건은 등기 또는 전입일이 기준이 된다

보통의 세입자들은 전세를 주고 사는 경우가 일반적이다. 물론 월세를 주고 사는 경우도 있지만 그들도 일정한 금액의 보증금을 납입하고 매월 임대료를 지불한다. 이런 경우를 우리는 임대차라고 한다.

자 그럼 우리는 여기서 전세에 대한 정의를 정확히 알고 넘어가야 할 필요가 있다. 우리가 흔히 말하는 전세는 두 가지 종류가 있다. 앞서 설명한 물권인 전세권과 전세권으로 등기를 하지 않지만 일정한 금액인 전세금을 임대인에게 지급하고 별도로 월세를 내지 않고 정해진 기간까지 사는 전세가 있다. 이를 '채권적 전세'라고 한다.

이 두 가지는 권리분석을 할 때는 큰 차이가 없다. 하지만 물권인 '전세권'과 '채권적 전세'는 분명히 구별할 필요가 있다. 그 이유는 여기서 물권과 채권을 구별하는데 있어 개념 정의를 하기에도 도움이 되기 때문이다.

█ 두 제도는 공시방법에서도 차이가 난다

물권인 전세권은 전세금을 지급한 후 타인의 부동산을 그 용도에 맞게 사용하거나 수익하는 것을 말한다. 나아가 전세권의 공시방법은 등기를 해야 하는 특징이 있고, 그 전세권이 소멸하면 그 부동산으로부터 우선변제권도 행사할 수 없게 된다.

전세권은 물권 중에서도 용익물권으로서 사용하고 수익하는 것을 본래의 목적으로 하고 있다. 그런데 용익물권인 전세권에는 담보물권의 성질도 포함되어 있다. 따라서 전세권자는 전세기간이 만료된 후 전세권 설정자(임대인)가 전세금을 돌려주지 않을 경우 저당권과 마찬가지로 소송을 거치지 않고 바로 임의경매를 신청하여 자기 채권을 우선변제 받을 수 있다. 이러한 권리를 전문적인 말로 '전세권의 경매 청구권'이라고 한다.

하지만 채권적 전세권자는 곧바로 임의경매를 신청할 수가 없다. 그 이유는 채권적 전세는 물권이 아닌 채권이기 때문이다. 채권적 전세는 우리가 흔히 말하는 전세를 말한다. 채권적 전세의 의미는 앞서 설명한 바와 같고, 주택임대차보호법에서 정한 공시 방법을 갖추어야 보호를 받을 수 있다.

공시방법으로는 주택을 인도받은 후 전입신고를 하면 된다. 즉 이 때 대항력을 갖추게 되는 것이다. 나아가 우선변제를 받기 위해서는 확정일자를 갖추어야 한다. 그런데 다른 사람의 주택을 전세로 사는 경우 전세권을 설정하거나 주택임대차보호법상의 공시방법을 갖추거나 둘 중의 하나를 선택해서 할 수 있다. 이 때 전세권자는 자신에게 유리한 지위를 주장할 수 있다.

◻ 전세권과 다른 권리들과의 관계

전세권과 채권적 전세에 대한 부분도 권리분석 할 때 하나의 기준을 정해놓고 하면 어렵지 않다.

'전세권'이 있는 경우에는 전세권설정 등기일, '채권적 전세'는 앞서 설명한 대로 주택을 인도받고 전입신고를 마친 때를 기준으로 삼으면 된다.

예를 들면 서울 아파트에 근저당권이 설정된 후 전세권이나 채권적 전세가 있는 경우 매각으로 이 두 권리는 모두 소멸한다. 하지만 이 두 권리가 근저당권보다 앞서 설정된 경우에는 낙찰자인 매수인이 인수해야 한다. 이런 경우에는 입찰을 포기하던지, 인수하고 매수하게 되는 경우에는 그 전세금을 감안하고 입찰에 참가해야 한다. 정리하면, '전세권'이나 '채권적 전세'는 선순위의 저당권, 압류채권, 가압류채권 등에 대항할 수 없어 경매로 매각이 되면 말소촉탁의 대상이 된다.

반대로 그렇지 않을 경우에는 낙찰자인 매수인은 이를 인수해야 하는 부담이 따른다. 즉 근저당권의 기준일과 마찬가지로 이 두 권리도 등기일이나 대항력을 갖춘 때를 기준으로 삼으면 쉽게 해결할 수 있다.

하지만 위 두 권리가 낙찰자인 매수인이 인수해야 하는 경우가 발생하더라도 위 두 권리자가 배당요구를 하면 낙찰자인 매수인은 이를 부담할 책임이 없다. 위 두 권리자는 매각대금 중에서 배당을 받아 가면 그뿐이기 때문이다.

경매개시결정이 내려지는 시점을 파악하라

경매개시결정기입등기도 권리분석을 할 때 중요한 기준이 된다. 먼저 경매개시결정에 대하여 알아보도록 한다. 경매개시결정은 채권자가 경매를 신청하면 법원이 별도로 변론을 하지 않고 서류만을 보고 그 결정을 내리는 것을 말한다. 경매개시결정이 내려지면 법원은 부동산의 관할 등기소에 촉탁을 해서 등기관(등기공무원)으로 하여금 경매개시결정기입등기를 하도록 명한다. 이렇게 경매개시결정기입등기가 완료되면 해당 부동산은 따로 본압류 절차를 거치지 않고 바로 압류의 효력이 발생하게 된다.

이러한 경매개시결정등기도 그 시점을 기준으로 해서 분석하면 앞에서 설명한 내용들과 별반 차이가 없기 때문에 어려운 것이 전혀 없다. 즉 등기일과 시간의 전후를 판단할 줄 안다면 권리분석은 쉽게 해결될 수 있다.

◘ 경매개시결정기입등기 후의 권리는 무서울 것이 없다

경매개시결정등기가 있은 후의 권리들에 대하여는 한 가지만 주의하면 전부 말소촉탁의 대상이 된다고 보면 된다.

예를 들어 서울 아파트에 경매개시결정등기가 이루어진 후 용익물권(지상권, 지역권, 전세권), 소유권이전등기, 가처분등기, 임차인, 국세체납 등에 의한 압류등기들은 낙찰자인 매수인이 인수할 필요가 없다. 이들은 전부 말소촉탁의 대상이 되고 배당으로 만족해야 하는 처지가 된다. 따라서 매수인은 전혀 걱정할 필요가 없다.

하지만 한 가지 등기에 대해서는 주의를 해야 한다. 바로 예고등기의 경우가 그렇다. 예고등기는 권리에 대한 공시를 목적으로 하는 등기가 아니기 때문이다. 즉 해당 부동산에 대하여 향후 어떠한 일이 벌어지기 때문에 미리 알려주는 역할을 하는 등기라고 할 수 있다.

따라서 예고등기는 말소의 대상이 되지 않고 낙찰자인 매수인에게 그대로 인수된다. 다만 이 경우에도 예고등기의 원인이 된 소송의 결과에 따라 낙찰자인 매수인이 인수하지 않는 경우도 발생한다.

경매 고수들 중에는 이러한 예고등기가 있을 경우 그 원인이 되는 소송을 파 헤쳐 큰 소득을 올리는 사람도 있다. 하지만 그 만큼의 위험도 크다는 사실은 기억하고 있어야 한다.

■ 경매개시결정등기도 인수여부는 담보물권이 기준이 된다

경매개시결정등기 전에 설정되는 권리들도 일단 원칙이 있다. 경매개시결정등기보다 앞선 전세권, 대항요건을 갖춘 임차인, 지상권, 지역권, 가처분등기, 가등기(다만 이 경우에도 경매개시결정등기 전에 청산의 절차를 마친 담보가등기는 포함되지 않음), 예고등기는 부동산의 부담으로 남게 된다.

즉 말소촉탁의 대상이 되지 않아 낙찰자인 매수인이 인수해야 한다. 하지만 이 경우에도 반드시 조건이 있다. 바로 경매개시결정등기보다 앞선 권리들 위에 선순위 담보물권(저당권, 근저당권, 유치권)이 없어야 한다. 만약 선순위 담보물권이 설정되어 있다면 담보물권이 말소기준권리가 되어 이들 또한 낙찰자인 매수인이 인수할 필요가 없게 된다.

즉 담보물권 이후의 권리들은 전부 말소된다는 원칙을 상기하면 충분히 이해할 수 있으리라고 본다. 결국 이 경우에도 담보를 기준으로 해서 권리분석을 하면 일거에 해결된다.

9 가등기는
등기부만 볼 줄 알면
끝난다

가등기는 부동산을 매수하려는 사람이 해당부동산을 매도인이 이중으로 매도하거나 예측하지 못하게 강제집행을 당하는 것을 피하기 위해 하는 등기를 말한다. 다시 말하면 어떤 부동산을 사려는 사람이 그 소유권을 안전하게 이전 받기 위해 매매의 예약을 해 놓고, 그 순위를 확보하기 위한 등기라고 할 수 있다.

그런데 가등기는 원래는 소유권의 안전한 확보를 위한 것이었으나 저당권 대신 담보를 위한 것으로 이용되기 시작하면서 그 종류가 나눠지게 됐다. 가등기의 종류는 소유권이전등기청구권가등기와 담보가등기의 두 종류로 보면 된다.

소유권이전청구권가등기는 예를 들어 설명하면 A가 B에게 자기의 아파트를 팔기로 계약을 체결할 때 매도인이 소유권을

안전하게 이전해 주지 않을 것을 대비해서 하는 가등기를 말한
다. 이때 체결되는 계약이 바로 '매매의 예약' 이라고 한다. 따라
서 이러한 가등기를 매매의 예약에 위한 가등기라고도 한다.
가등기가 된 이후 본등기를 하면 그 등기의 순위는 가등기의 순
위로 소급을 하기 때문에 소유권의 이전이 안전하게 된다.
담보가등기는 A가 B에게 돈을 빌려주면서 저당권을 설정하는
대신 가등기를 하고, 나중에 B가 빌려준 돈을 갚지 않을 경우 A
는 B로부터 가등기가 된 부동산의 소유권을 이전받거나 경매를
실행해서 우선변제를 받을 목적으로 이뤄지는 가등기다. 또한
담보가등기권자는 경매신청을 할 수 있으며 다른 채권자가 신청
한 경매에 참가하여 배당을 받을 수도 있다. 즉 이 때의 담보가
등기는 저당권으로 보고 있다.

◻ 가등기는 등기부에서 해결 된다

경매에 관한 칼럼이나 다른 경매 책들을 보면 등기부에 가등기
종류가 구별되지 않기 때문에 가등기권자를 만나든지 해서 그
종류를 알아내야 한다고 한다. 그러면서 가등기의 위험성을 설
명 한다. 맞는 말이다. 특히 과거에는 더욱 맞는 말이다.
하지만 그런 경우 등기부를 제대로 볼 줄 안다면 그렇게 말하지
않을 것이락 생각한다. 최근에는 등기부에 담보가등기의 경
우 '사항란' 에 '소유권이전담보가등기' 라고 기재하고, 등

기원인란에는 '대물반환예약' 이라고 기재하는 것이 등기 사무처리의 원칙이다. 따라서 등기부만 잘 보면 그것이 어떤 종류의 가등기인지 쉽게 알아볼 수 있기 때문에 큰 걱정을 할 필요가 없다.

그러나 과거에 가등기가 된 경우에는 아직도 가등기의 종류를 구별하기 힘들 수도 있기 때문에 법원경매기록이나 등기소에 확인할 필요가 있다. 어쨌든 가등기 이후의 권리들은 가등기가 어떤 이유로 말소되지 않는 한 그 지위가 불안전 하다고 할 수 있다.

■ 가등기와 다른 권리들과의 관계

가등기가 있는 경우 권리분석을 할 때도 근저당권을 기준으로 해서 하면 쉽다.

예를 들어 서울 아파트에 근저당권이 가장 먼저 설정된 후 가등기가 되어 있으면 그 종류와 관계없이 말소촉탁의 대상이 된다. 따라서 낙찰자인 매수인은 인수를 하지 않아도 된다. 그런데 소유권이전청구권가등기가 최선순위로 등기되어 있는 경우에는 낙찰자인 매수인이 이를 인수해야 한다. 그 이유는 나중에 가등기권자가 본등기를 하면 그 순위가 가등기의 순위로 소급하여 낙찰자인 매수인보다 우선하게 되기 때문이다.

그런데 이 때도 낙찰자인 매수인은 위험을 피해갈 방법은 있다.

만약 낙찰자인 매수인이 매각대금을 납부하기 전에 가등기권리자가 본등기를 한 경우에는 낙찰자인 매수인은 위험을 피할 수 있다. 바로 법원에 낙찰허가결정취소신청을 하면 된다.

하지만 낙찰자인 매수인이 매각대금을 납부한 후 본등기가 이루어진 경우라면 낙찰자인 매수인은 소유권을 상실하게 된다. 이 때는 낙찰자인 매수인은 '매매계약의 해제 및 매각대금반환청구'를 통하여 위험을 피해야 한다.

담보가등기의 경우, 최선순위라도 낙찰자인 매수인에게 인수되지 않고 말소촉탁의 대상이 된다. 그 이유는 앞서 설명한 바와 같이 이 때의 담보가등기는 저당권으로 보기 때문이다.

그러나 이 경우에도 예외가 있기 때문에 주의할 필요가 있다. 예외적으로 담보가등기가 낙찰자인 매수인에게 인수되는 경우로는 두 가지 조건을 갖추어야 한다.

첫째, 담보가등기보다 선순위의 저당권이 없어야 한다.

둘째, 경매신청의 등기가 있기 전에 선순위의 가등기담보권자가 이미 청산금을 지급한 때(청산금이 없는 경우에는 청산기간이 경과한 때)이다.

그 이유는 가등기담보권자가 본등기를 하지 않았더라도 이미 청산금을 지급한 이상 사실상의 소유권을 얻었기 때문이라고 할 수 있다. 또한 가등기담보권자가 담보권을 실행한다는 통지를 하고 다른 담보권자들은 그에 대한 이의가 있는 경우에 청산금을 지급하지 않고 경매를 신청할 권한이 있음에도 불구하고 이를 하지 않았기 때문에 그 권한을 상실한 것이기 때문이다.

■ 환매등기

환매등기도 담보가등기와 유사한 관계로 이 부분에서 다루기로 한다.

환매등기는 A가 B에게 부동산을 팔면 매매계약이 체결된다. 다만 매매계약 체결과 동시에 일정한 기간이 지나고 난 후 A가 B로부터 다시 소유권을 이전받아 오는 환매특약을 체결하게 된다. 이런 환매계약은 돈을 빌리면서 매도인이 매수인에게 담보를 설정해 주는 대신 일단 소유권은 넘겨주되 일정한 기간 지나서 빌린 돈을 다 갚고, 환매권을 실행하면 다시 소유권을 찾아오기 위해서 이용되곤 한다. 이런 점에서 담보가등기와 유사하다고 할 수 있다.

하지만 요즘에는 환매등기가 자주 발생하는 것은 아니기 때문에 이 정도만 알고 있으면 충분하다. 환매등기의 경우도 최선순위 담보물권보다 앞서는 경우에는 낙찰자인 매수인에게 그대로 인수되기 때문에 권리분석을 할 때 이 점을 주의해야 한다.

가압류가 모두
말소되는 것은 아니다

　　　　처음 경매를 시작하는 사람들 중에는 가압류를 상당히 두려워하는 경향이 있다. 하지만 가압류는 권리분석을 할 때 무서워 할 필요가 없다. 딱 한 경우만 빼 놓고 전부다 말소되기 때문에 낙찰자인 매수인이 인수할 필요가 없어 위험부담이 없다. 가압류가 인수되는 경우에 대해서는 추후 설명하기로 하고 먼저 가압류에 대해서 설명을 하기로 한다.

가압류는 본안소송이 아닌 보전소송이라고 생각하면 쉽다. 가압류는 A가 B에게 돈을 빌려주거나 혹은 물건을 납품하고 물품대금을 받아야 하는데 B가 이를 주지 않거나 거부할 경우 A로서는 소송의 길 밖에 없다. 그런데 A가 B를 상대로 소송을 하게 되면 6개월 이상 걸리는 경우가 대부분이다.

이렇게 되면 B는 그 동안에 자기의 재산을 다른 곳을 빼돌릴 가능성이 농후하거나 실제로 그런 경우가 비일비재하다. 이러한 것을 미연에 방지하기 위해서 A(채권자)는 B(채무자)가 다른 곳에 재산을 빼돌리지 못하도록 보전조치를 취하게 되는데 이러한 조치를 가압류라고 한다.

따라서 이러한 가압류를 할 때는 채무자도 모르게 신속하게 법원에 가압류신청을 해야 그 효과를 얻을 수 있다.

◘ 가압류와 근저당권과의 관계

가압류결정이 내려지면 법원의 촉탁에 의해 부동산의 물건지 관할 등기소로 가압류등기촉탁을 하게 된다. 등기관은 촉탁을 받은 후 해당 부동산에 가압류등기를 하게 된다. 그런데 이 가압류등기는 그 등기의 순위에 관계없이 낙찰자인 매수인에게 인수되지 않고 말소촉탁의 대상이 된다. 따라서 가압류채권자는 배당만을 받기 때문에 낙찰자인 매수인이 신경 쓸 필요가 없게 된다.

사례를 통하여 가압류의 권리분석을 설명하도록 한다.

〈사례 1. 매각대금 6,500만 원〉

권리내역	권리 발생일	청구금액	배당순위	배당액
A 근저당권	2004. 6. 1.	2,000만 원	1	2,000만 원
B 전세권	2004. 7. 1.	3,000만 원	2	3,000만 원
C 가압류	2004. 8. 7.	3,000만 원	3	1,500만 원

앞에서 배운 대로 C는 채권이기 때문에 물권인 A와 B에게 대항하지 못하고 그 순위도 뒤지게 된다. 따라서 배당의 경우에 A와 B는 청구금액 전부를 배당받을 수 있다. 하지만 C는 청구금액인 3,000만 원 전부를 배당받을 수 없고 A와 B가 배당 받고 남은 금액인 1,500만 원 밖에 받을 수 없게 된다. 여기서 C의 가압류채권은 곧바로 배당 받을 수는 없다.

그 이유는 가압류는 본안소송이 아닌 보전소송이기 때문에 법원에 소송을 제기한 후 확정판결을 받은 다음에 배당 받아갈 수 있다. 이 때 법원은 C의 가압류채권이 확정판결을 받아올 때까지 법원에 배당 받을 금액을 공탁하게 된다.

한편 이 사례의 경우 가압류등기는 원칙적으로 말소촉탁의 대상이 되기 때문에 낙차찰자인 매수인이 인수할 필요가 없어 아무런 문제가 없다. 나아가 근저당권이 최선순위인 경우 근저당권을 포함한 나머지 권리들은 전부 말소촉탁의 대상이 되기 때문에 전세권도 말소촉탁의 대상이 되고 낙찰자인 매수인은 안전하게 소유권을 이전받을 수 있다.

〈사례 2. 매각대금 5,000만 원〉

권리내역	권리 발생일	청구금액	배당순위	배당액
A 가압류	2004. 6. 1.	4,000만 원	1	2,000만 원
B 근저당권	2004. 7. 1.	3,000만 원	2	3,000만 원
C 근저당권	2004. 8. 7.	3,000만 원	3	0원

위 사례의 경우도 가압류, 근저당권은 전부 말소촉탁의 대상이

되기 때문에 낙찰자인 매수인이 인수할 부담이 전혀 없다. 그 이유는 근저당권과 가압류는 그 순위와 관계없이 낙찰자인 매수인이 인수할 필요가 없기 때문이다.

다만 배당에 있어서는 앞의 사례와는 달라지게 된다. 이런 경우에는 비록 가압류가 채권이고, 물권이 채권에 우선하다고 하지만, 가압류가 시간상으로 먼저 등기를 했기 때문에 A, B, C의 각 채권 금액에 따라 안분비례를 하게 된다. 따라서 배당을 하게 되면 A는 2,000만 원(5,000만 원×4,000만 원/1억 원)을 배당받게 된다.

만약 물권이 채권보다 앞선다는 논리로만 간다면, A는 한 푼도 받을 수 없게 된다. 이렇게 되는 경우는 가압류 채권이 아닌 일반채권인 경우에 해당한다. 가압류 채권은 노력을 통하여 다른 근저당권보다 먼저 그 등기를 해 놓았기 때문에 안분비례의 논리로 어느 정도 보호를 받게 되는 것이다.

그 다음으로 B와 C가 남았는데 B와 C는 물권으로서 물권의 경우는 시간 순서에 따라 B가 그 순위가 앞서게 된다. 따라서 이 경우에는 매각대금 5,000만 원 중에서 A가 배당(2,000만 원)받고, 3,000만 원이 남게 되는데, B가 C보다 그 순위가 앞서기 때문에 B는 3,000만 원 전부를 배당 받게 된다.

반면에 C는 B보다 그 순위가 늦기 때문에 한 푼도 배당을 받을 수 없게 된다. 정리하면 가압류등기 이후에 근저당권이 설정되어 있으면 가압류와 안분비례로 배당을 받아가고 가압류 이후에 근저당권이 2개 이상 설정되어 있으면 가압류와 최고선순위의 근저당권이 안분비례를 한 후 근저당권끼리는 물권의 순위 결정 사항인 시간순서에 따라 배당을 받게 된다.

참고로 C가 압류등기 또는 가압류등기인 경우에도 C가 근저당권인 경우와 동일하게 순위가 결정되고 배당을 하게 된다. 그 이유는 C는 채권이기 때문에 물권인 B보다 시간적으로 늦게 등기되어 있기 때문이다.

◼ 가압류와 용익물권들과의 관계

가압류등기 이후에 용익물권인 전세권, 지상권, 지역권, 주택임대차보호법상의 임차인이 있을 경우에는 어떻게 될까?

이 경우에도 가압류를 비롯한 용익물권 전부는 말소촉탁의 대상이 되기 때문에 낙찰자인 매수인은 인수할 의무가 없어지게 된다. 다만 배당의 관계에서는 가압류와 전세권이 안분비례를 배당을 받아갈 뿐이다. 또한 가압류등기 이후의 가등기, 가처분등기, 환매등기의 경우도 낙찰자인 매수인이 인수할 필요가 없다. 그 이유는 가압류가 매각(낙찰)으로 인하여 소멸하기 때문이다.

◼ 가압류가 말소되지 않는 경우

지금까지 가압류는 모두 말소촉탁의 대상이 된다고 하였다.

하지만 예외적인 경우로서 주의 깊게 알아둘 하나가 있다. 물론 이 경우도 한 가지만 예외 사항이기 때문에 그리 어렵지 않아 크게 걱정할 필요는 없다.

예를 들어 A의 부동산에 가압류등기가 되고 난 후 그 부동산이 B에게 이전된 다음 B의 채권자가 경매를 신청한 경우에는 낙찰자인 매수인은 이를 인수해야 한다. 그런데 이 경우에도 전소유자인 A를 상대로 하여 경매를 신청한 경우에는 낙찰자인 매수인은 이를 인수할 필요가 없다.

나아가 가압류가 말소되지 않는 물건도 등기부만 잘 보면 쉽게 구별해 낼 수 있다. 등기부의 갑구에서 채무자와 소유자의 변경사항만 눈여겨보면 누구나 쉽게 구별해 낼 수 있기 때문이다. 사실 어떤 책이나 언론 지상에서는 이 부분을 상당히 심각하게 다루는 경향이 있다. 하지만 그리 걱정할 정도는 아니라고 본다. 그 이유는 가압류등기가 되 있는 부동산을 매수할 사람은 그리 흔치않기 때문이다.

일반적인 부동산 거래에서는 부동산상의 가압류나 다른 제한사항이 있으면 그런 부분들은 정리하고 매매를 하기 때문에 흔히 발생하는 문제는 아니라고 본다.

하지만 그 가능성을 전혀 배제할 수는 없기 때문에 가압류등기는 항상 의심하고 앞서 언급했듯이 등기부에서 구별해 내는 법만 확인하면 문제될 것은 없다고 본다.

가처분도
가압류처럼
보전소송에 해당 된다

　　가처분도 가압류와 마찬가지로 보전소송에 해당한다. 즉 본안소송을 통하여 해결하기까지는 상당한 시간이 소요되기 때문에 미리 특정물에 대한 분쟁이 있을 때 그 현상을 보전하거나, 임시의 지위를 정하기 위해 하는 조치를 가차분이라고 한다.

가처분도 가압류처럼 가처분결정이 내려지면 법원의 촉탁에 의해 해당 부동산의 물건지 관할 등기소에 등기관으로 하여금 가처분등기를 하도록 명한다. 또한 가처분에서 금지하는 내용도 등기가 되기 때문에 그 종류를 알아볼 수 있다.

가처분에 대하여 예를 들어 설명하면 A가 B로부터 어떤 부동산을 매수하기로 하고 매매계약을 체결하고 중도금까지 지불한 상태에서 A가 B에게 잔금을 지불하려고 했지만 B는 부동산 가격

의 상승으로 이를 다른 사람에게 매도하려고 할 때 A는 잔금을
법원에 변제공탁한 후 B를 상대로 처분금지가처분을 할 수 있게
된다.

이 때의 가처분을 '처분금지가처분' 이라고 한다. 두 번째로 A가
B에게 상가를 임대한 후 그 임대차기간이 종료되었음에도 불구
하고 B가 A에게 그 상가를 인도해 주지 않는 경우가 있다. 이때
A는 B를 상대로 상가를 인도해 달라고 '건물명도청구소송' 을
제기해야 한다.

하지만 이 소송이 진행되는 동안 B가 불법으로 다른 사람에게
'전대' 를 하는 등 점유를 이전하게 되면 A는 새로운 점유자에게
건물명도청구소송을 다시 제기해야 하는 문제가 발생한다. 따라
서 A는 이러한 행위를 방지하기 위하여 보전처분으로 가처분을
신청할 수 있는데 이 때의 가처분을 '점유이전금지가처분' 이라
고 한다.

가처분에도 여러 종류의 가처분이 있지만 경매 실무에서는 앞서
설명한 두 가지 정도의 가처분만 알고 있으면 충분하다.

□ 처분금지가처분은 본안소송 결과에 따라 달라진다

실무상으로 문제가 되는 것은 바로 처분금지가처분의 경우이다.
예를 들어 서울 아파트에 처분금지가처분등기가 된 후 경매가
신청된 경우이다. 이 때는 가처분의 본안소송이 확정될 때까지

경매도 허용된다. 그런데 이러한 물건을 낙찰 받은 매수인의 경우 불안한 지위에 있게 된다. 그 이유는 향후 가처분에 대한 본안소송에서 채권자가 승소하게 되면, 낙찰자인 매수인은 소유권이 완전히 상실하게 되기 때문이다.

따라서 이런 물건은 초보자의 경우 무조건 피하는 것이 상책이고 고수들 중에서 소송의 결과를 확신할 수 있는 경우(채권자가 패소할 경우)에만 매수를 하게 된다.

◘ 가처분과 다른 권리들과의 관계

이 경우에도 담보를 기준으로 해서 분석하면 큰 무리는 없다. 일단 근저당권이 설정된 후 가처분이 있게 되면 매각으로 인하여 낙차찰자인 매수인은 가처분을 인수할 책임이 없다. 즉 이 때 가처분은 말소촉탁의 대상이 된다.

하지만 가처분이 최선순위인 경우에는 낙찰자자인 매수인이 인수해야 하기 때문에 이 점을 주의해야 한다. 그런데 이 경우는 앞서 설명한 대로 가처분의 본안소송에 따라 인수여부가 결정된다. 채권자 즉 가처분을 신청한 사람이 승소를 하게 되면 낙찰자인 매수인은 가처분을 인수해야 하는 책임이 따른다.

그런데 가처분의 경우도 예외가 있다. 근저당권 보다 후순위인 경우도 낙찰자인 매수인이 인수해야 하는 경우가 그렇다.

첫 번째의 경우는 토지소유자와 건물소유자 다른 경우이다.
예를 들어 A(건물 소유자)가 B(토지 소유자)에 대하여 건물을
철거하라는 본안소송에 앞서 처분금지가처분을 신청했고, 후일
가처분신청권자인 채권자가 승소했을 때이다. 이 때는 가처분의
전후를 불문하고 나아가 경매개시결정기입등기가 된 후라도 낙
찰자인 매수인이 그대로 인수해야 하기 때문에 건물은 철거되고
낙찰자인 매수인은 소유권을 상실한다.

두 번째는 근저당권이 가처분보다 선순위일지라도 이미 근
저당권에 기한 채권이 존재하지 않을 때이다.
즉 채무자가 은행으로부터 대출을 받을 때 근저당권설정등기를
해준 후 대출금액은 다 갚았지만 근저당권 말소등기를 하지 않
은 때이다. 이 때는 등기부상으로는 근저당권이 선순위로 등기
되어 있지만 채무가 남아있지 않기 때문에 근저당권의 효력은
상실하게 되고, 가처분이 최선순위로 되는 것이다.
결국 이 때에는 낙찰자인 매수인이 이를 인수해야 하는 부담이
따르게 된다.

인도명령과 명도소송도 알아야 효과적이다

경매물건을 매수했다고 해서 모든 것이 끝나는 것은 아니다. 사실 현실적인 어려움이 나타나기 시작하는 단계는 매수한 이후라고 해도 틀린 말이 아니다. 정당하게 권리분석을 하고 매수를 하였지만 그 부동산을 점유하고 있는 사람이 비워주지 않을 때는 막막한 경우도 있다. 비록 현재 점유하고 있는 사람이 불법으로 점유를 하고 있다하더라도 매수인은 자력구제를 행사할 수 없게 된다. 이 때는 둘 중의 하나를 선택해야 한다.

첫째, 협상을 통하여 이사비를 주고 내 보내는 방법,
둘째, 협상으로도 안 되는 경우에는 법원으로부터 인도명령 또는 명도소송을 통하여 강제집행을 하는 수 밖에 없다.

하지만 이 방법은 최후의 수단으로 사용되는 것이 바람직하지 않나 생각한다. 불법으로 점유하고 있는 사람들의 경우 대개 자기의 채권을 전부 만족하지 못한 경우가 대부분이다. 물론 자기의 재산을 스스로 지키지 못한 것은 그 사람의 책임이라고 하도라도 돈을 번 사람이 한 번 더 양보하는 것이 복 받는 일이라고 생각한다.

그런데 어떤 불법 점유자의 경우에는 터무니없이 요구하는 경우도 있다. 이 때는 인도명령과 명도소송을 잘 알고 있으면 협상을 하는데 있어 상당히 유리할 수 있다. 따라서 인도명령이나 명도소송 정도는 알고 있는 것이 효과적이다.

■ 인도명령은 2주안에 끝난다

경매로 A가 서울아파트를 매수하고 매각대금을 납부하면 A는 서울아파트에 대한 소유권을 주장할 수 있다. 그런데 서울아파트에 전 소유자, 채무자, 세입자 등이 여전히 점유하면서 순순히 인도해 주지 않는 경우가 있다.

이 때 낙찰자인 매수인 A는 오랜 시간이 소요되는 소송의 절차를 거치지 아니하고 인도명령을 신청할 수 있다. 인도명령을 신청하면 법원은 약 2주 후에 불법으로 점유하고 있는 자들에게 인도할 것을 명하게 된다. 즉 인도명령은 매각대금을 납부한 낙찰자인 매수인이 비록 그 부동산의 소유권을 취득했지만 현실적으로 점유를 이전받는 사이 현재 불법으로 점유하는 사람이 그 부동산을 훼손하거나 법률상의 처분을 하게 되면 매수인은 상당한 피해를 보게 된다.

따라서 매수인의 이러한 손해를 방지하기 위하여 법원이 매수인에게 신속하게 인도받을 수 있도록 명하는 제도이다.

다만 인도명령의 대상자는 모든 사람에게 인정되는 것이 아니다. 특정한 경우에만 인정되고 나머지의 경우는 명도소송의 대상이 된다.

인도명령의 대상자로는 채무자(임의경매에 있어서는 소유자), 채무자의 일반승계인, 소유자, 경매목적부동산의 점유자(부동산의 점유시기와 관계없이 모든 부동산 점유자) 대항력이 없는 임차인 등이다. 매수인에게 대항할 수 있는 점유자인 유치권자, 매수인으로부터의 임차인, 인도의 유예를 받은 점유자, 압류하기 전에 등기를 해 놓고 입주는 압류 이후에 한 임차인 등은 인도명령의 대상이 안 된다.

인도명령도 신청할 수 있는 기간이 정해져 있다. 인도명령은 반드시 매각대금을 납부한 이후로부터 6개월 내에 신청하여야 한다. 만약 매각대금을 납부하고 6개월이 지난 때에는 명도소송을 제기하여 인도받아야 한다. 법원의 인도명령에 불복하는 상대방은 즉시항고 할 수 있다. 하지만 상대방이 즉시항고를 하더라도 이미 내려진 인도명령에 대해서는 집행정지의 효력이 없다.

따라서 인도명령을 신청한 매수인은 상대방의 항고에도 불구하고 상대방에게 소유권에 기한 부동산의 점유를 취득하기 위해 집행관을 통해 강제집행을 할 수 있다.

명도소송은 경매개시결정등기 이전에 대항력이 없는 점유자로서 인도명령 대상이 아닌 경우나 인도명령 대상 기간이 6개월을 경과 한 경우의 점유자가 스스로 건물을 인도해 주지 않는 경우에 매수인이 제기하는 소송을 말한다.

매수인은 명도소송을 제기 한 후 승소판결과 함께 확정이 되면 강제집행을 통해 건물을 인도 받는다. 명도소송의 약점은 인도명령보다 시간이 오래 걸린다는 점이다. 명도소송은 정식 재판이기 때문에 약 6개월 정도의 시간이 소요되고 추가로 법적 비용이 소요 된다는 점이다. 이 때문에 낙찰자인 매수인은 협상을 통하는 경우가 많다.

그런데 명도소송의 대상자들은 낙찰자인 매수인들의 이런 약점을 이용해서 버티기 작전을 하면서 과도한 이사비 등을 요구하게 된다. 따라서 권리분석을 할 때 경매물건이 인도명령의 대상인지 명도소송의 대상인지를 따져보는 전략도 필요하다. 명도소송의 대상이 되는 부동산이라면 비용 및 시간이 더 소요되기 때문에 인도명령에 비해 수익률이 떨어질 수 있다. 이런 경우에는 입찰가격을 정할 때 미리 그 비용 및 시간을 고려해서 입찰에 임하는 전략을 세워야 수익을 더 얻을 수 있다.

명도소송의 대상자는 대금납부 후 6개월 내 인도명령신청을 하지 못한 경우 그 인도명령 대상자, 확정일자를 갖춘 임차인이 법원에 배당요구를 했지만 배당을 받지 못한 자, 최우선 변제를 받을 수 있는 소액임차인에도 해당되지 않아 배당절차에서 배당받지 못한 임차인, 경매개시결정등기 이전부터 점유한 점유자와 그 사람으로부터 매각허가결정 전에 일반승계를 받은 사람, 주거용 이외의 세입자로서 전세권을 설정해 놓고도 선순위 채권이 너무 많아 배당을 받지 못한 자, 기타 정당한 사유 없이 점유를 계속하고 있는 자들이다.

명도소송은 매수인이 소유권이전등기를 경료한 후 법원에 소장을 제출해야 한다. 소장은 매각허가결정정본, 등기부등본 등 첨부서류와 함께 법원에 제출한다. 법원은 일정한 기간이 지난 후에 준비절차기일이 잡고, 당사자에게 답변서와 준비서면 제출을 명한다. 이후 변론기일을 지정하여 1차 변론기일소환장이 당사자에게 송달된다. 일반적으로 1차 변론으로 소송은 종결되지 않고 약 2회 이상 변론을 여는 경우가 대부분이다.

법원은 판결 선고 후 판결정본을 약 2주내에 소송 당사자인 원고 및 피고에게 송부하고 당사자의 항소가 없으면 판결은 확정된다. 이 확정된 판결로 낙찰자인 매수인은 명도집행을 하게 된다.

 대위변제는
초보자들이 가장
당하기 쉬운 경우다

대위변제가 초보자들에게 당하기 쉬운 이유는 딱 두 가지다. 최선순위 근저당권이 있고 그 이후에 후순위 권리자들이 전부 말소되기 때문이다. 거기다가 최선순위 근저당권의 금액이 작고, 다른 근저당권이 거의 없기 때문에 초보자들은 권리분석을 하기가 복잡하지 않고 안전하다고 생각하기 때문이다.

대위변제란 채무자가 아닌 다른 사람(제3자 또는 공동채무자 등)이 채무자를 위하여 변제를 대신 해 주고, 변제를 해 준 사람은 구상권을 취득함으로써 채권자의 범위 내에서 그 권리를 행사하는 것을 말한다.

예를 들어 설명하면, A라는 아파트에 근저당권이 설정되어 있고 다음으로 임차인이 있었다. 그런데 A아파트가 경매에 부쳐지게

되면 임차인은 낙찰자인 매수인에게 대항하지 못하고 집을 비워
줘야 한다. 이 때 만약 근저당권 금액이 적은 관계로 임차인이
대신 근저당권에 기한 채무를 대신 갚아주고, 채권자의 범위 내
에서 자기의 권리를 주장하는 것을 말한다.

여기서 임차인은 채무자를 대신해서 변제를 해 주었기 때문에
그 순위가 최선순위로 상승하게 되고 낙찰자인 매수인에게 대항
할 수 있게 된다. 대위변제는 최선순위 근저당권 이후의 임차인,
가등기, 가처분 등이 등기된 경우에 많이 발생한다.

◘ 대위변제와 임차인과의 관계

〈매각대금 3,000만 원〉

권리	등기일 및 공시기준일
A 근저당권 : 600만 원	2004. 10. 6.
B 임차인 : 4,000만 원	2004. 11. 6.

위 사례의 아파트가 경매로 넘어가게 되면 권리분석은 표면적으
로 볼 때 아주 단순하고 쉬운 물건에 해당한다. 이 상태로만 권
리분석을 하게 되면 낙찰자인 매수인은 인수할 부담이 전혀 없
게 된다. 근저당권자인 A와 임차인 B는 배당을 받아갈 수 있을
뿐이며 전부 말소촉탁의 대상이 된다.

하지만 똑똑한 임차인은 위 사례의 아파트가 경매로 넘어가도록 그냥 놔두지 않는다. 이 때 B는 제3자로서 근저당권에 기한 채무를 대신 변제하게 된다. 이렇게 하면 B는 그 순위가 최선순위로 상승하게 된다. 따라서 만약 위 사례의 아파트가 경매로 매각된다 할지라도 임대차 기간 동안 살 수 있고 그 기간이 끝나면 낙찰자인 매수인에게 보증금 4,000만 원도 반환받을 수 있게 된다. 다만 B가 대위변제한 600만 원은 낙찰자인 매수인에게 청구할 수 없다. B는 채무자에게 구상권을 청구할 수 밖에 없게 된다.

그러나 경매로 넘어간 상태의 채무자는 재산이 거의 없는 상태이기 때문에 회복여부는 미지수라고 할 수 있다. 그렇다고 임차인 B가 대위변제를 하지 않게 되면 향후 배당에서 2,400만 원 밖에 회수할 수 없게 된다. 그 이유는 매각대금 3,000만 원에서 최선순위 근저당권자에게 600만 원을 먼저 배당해 주면 2,400만 원 밖에 남지 않기 때문이다. 임차인 입장에서는 600만 원을 채무자로부터 못 받아 손해를 보더라도, 경매로 넘어가 보증금 4,000만 원 중 2,400만 원을 배당받음으로 인하여 1,600만 원을 손해 보는 것 보다는 더 유리하기 때문이다.

따라서 입찰을 준비하고 있는 경우라면 최선순위 근저당권의 채권최고액을 반드시 확인해야 하고 그 금액이 소액인 경우 처음부터 포기하는 것이 바람직한 방법이다.

권리	등기일 및 공시기준일
A 근저당권 : 800만 원	2004. 10. 6.
B 소유권이전청구권가등기	2004. 11. 6.

사례의 경우도 가등기권자인 B가 대위변제할 가능성이 농후하다고 할 수 있다.

우선 권리분석을 먼저 해 보자. 사례의 물건은 경매로 매각이 되면 낙찰자인 매수인은 인수할 권리가 없기 때문에 부담이 전혀 없다. 따라서 소유권이전등기청구권가등기는 말소촉탁의 대상이 된다.

그런데 가등기권자인 B가 제3자로서 최선순위 근저당권에 기한 채무를 변제하게 되면 상황은 달라지게 된다. 이 때는 B가 최선순위로 그 순위가 상승하게 되고 향후 가등기권자인 B가 본등기를 하게 되면 낙찰자인 매수인은 소유권을 상실하게 된다

권리	등기일 및 공시기준일
A 근저당권 : 600만 원	2004. 10. 6.
B 처분금지가처분	2004. 11. 6.

이 사례의 경우도 마찬가지로 가처분 채권자 B는 대위변제를 할 수 밖에 없다. 그렇지 않으면 앞의 사례와 마찬가지로 가처분 채권자인 B는 매각으로 인해 낙찰자인 매수인에게 대항할 수 없기 때문이다. 만약 B가 대위변제를 한다면 그 순위는 최선순위로 상승하게 되어 경매가 진행되어 매각이 되더라도 낙찰자인 매수인에게 대항할 수 있게 된다.

대위변제의 경우 실무적으로 매각결정기일까지는 처리하고 있으므로 입찰자의 입장에서는 대위변제 가능성은 항상 염두해 두고 있어야 한다.

또한 앞의 사례들처럼 대위변제를 하게 되면 임차인, 가등기권자, 가처분 채권자들은 근저당권말소등기신청을 해야 하는데 보통 이러한 말소등기는 신청을 한 후 1-2일 정도 소요되기 때문에 바로 등기부에 나타나지 않는 특징이 있어 주의를 해야 한다.

따라서 입찰자는 반드시 경매기록을 최종 확인해야 한다. 아울러 등기소에 등기를 신청하면 등기신청에 대한 수리를

해 줄 때까지 '사건중'이라는 사실을 알려주며 등본 발급
을 할 수 없게 된다.
따라서 사건중이라고 한다면 일단 대위변제 또는 다른 상
황이 있을 것이라고 판단하여 신중히 대처할 필요가 있다.

# 대위변제 해결 방안은 어렵지 않다

낙찰자인 매수인 입장에서는 제3자의 대위변제가 있을 경우 일차적으로 피해를 볼 수 있다. 하지만 처음 시작할 때 설명한 것처럼 법률이라는 것은 고등상식이기 때문에 상식선에서 풀어갈 수 있는 장점이 있다. 제3자의 대위변제가 있었다고 마냥 손을 놓고 있어서는 손해만 볼 뿐이다. 정확한 법률지식을 알고 대처를 한다면 피해갈 방법이 충분하기 때문에 미리 겁먹을 필요는 없다.

그에 맞는 대처를 할 때 해결할 수 있는 방법이 몇 가지 존재하기 때문이다. 따라서 입찰자는 대위변제에 대한 대처방법을 몰라서 보증금을 날리는 우를 범해서는 안 된다. 돈을 버는 것도 중요하지만 지키는 것도 버는 것 못지않게 중요한 것이다. 돈을 많이 번 사람이 부자가 되는 경우보다는 돈을 잘 지킨 사람이 부자가 된 경우 훨씬 많다는 사실을 안다면 충분히 이해할 수 있으리라고 본다.

◘ 매각결정기일을 제일 먼저 파악하라

대위변제 물건을 입찰한 경우 이에 맞는 대처를 하기 위해서는 제일 먼저 매각결정기일을 정확히 알고 있어야 한다. 그 이유는 지금부터 설명할 대처 방법을 보면 이해할 수 있을 것이다.

대처방법으로는 첫째, 입찰을 하여 최고가매수신고인이 되었지만 매각결정기일 전에 변제 사실을 알게 된 경우가 있다. 이 때에는 매각불허가신청을 해야 한다. 매각불허가신청은 해당 경매계에 하면 된다.

둘째, 제3자의 대위변제가 있고 매각허가결정이 있을 때의 경우다. 매각허가결정은 확정되어야 효력이 있다. 따라서 매각허가결정이 있었지만 아직 확정되기 전이라면 즉시항고를 통하여 불복 할 수 있다.

셋째, 제3자의 대위변제 후 매수인이 매각대금의 잔금을 납부하기 전의 경우가 있다. 이 경우에는 민사집행법 제127조를 유추적용하여 매각허가결정에 대하여 취소신청을 하여 법원이 인용해 주면 구제받을 수 있다.

끝으로 매각대금을 전부 납부하였지만, 아직 배당이 실시되지 않은 경우가 있다. 이 때의 매수인은 '배당절차 정지신

청’과 함께 ‘부당이득금반환청구’ 소송을 제기하여 재판으로써
그 해결 방안을 찾아야 한다.

그런데 대위변제 따른 대처방법도 빠르면 빠를수록 유리하다.
첫 번째와 두 번째 대처방법은 법원이 대부분 인용을 해주기 때
문에 문제를 비교적 빨리 해결할 수 있고 안전하다. 하지만 세
번째와 네 번째의 방법은 그리 쉽지가 않다.
이러한 경우 매수인이 불복을 신청하면 그 사유에 대해 받아들
일지 여부는 오로지 법원의 재량에 달려 있기 때문이다. 그렇
기 때문에 매각결정기일을 정확히 알고 있어야 한다고 말한 것
이다.
매각결정기일을 정확히 알고 있으면 대위변제가 있더라도 매각
불허가신청 또는 즉시항고를 통해서 쉽게 대처할 수 있어 안정
적으로 이미 납부한 입찰보증금을 회수할 수 있다. 물론 세 번째
와 네 번째의 경우도 법원이 받아들여 준다면 다소 늦더라도 문
제는 없게 된다.

공장저당권도 저당권과 마찬가지다

공장에 대한 경매물건이 나올 경우 수도권에서는 특히 인기가 높다.

그 이유는 수도권에 공장의 신증설에 대한 규제가 까다롭기 때문이다. 하지만 경매로 이를 매수한다면 특별한 허가 절차 없이 바로 사용할 수 있어 큰 인기가 있는 것이다. 그런데 상대적으로 이들 공장에 대한 경매물건이 있어도 뭔가 특별한 권리분석이 필요하거나 무엇인가 어려운 것이 있지 않나하고 꺼려하거나 두려워하는 사람들도 비교적 많다.

하지만 공장저당권도 특수한 저당권일 뿐 저당권에 대한 권리분석과 다를 바가 전혀 없다. 공장저당권은 저당권과 마찬가지로 당사자 사이에 '공장저당권설정계약'을 체결하고 등기를 함으로써 성립한다.

그런데 공장에는 공장을 이루기 위한 토지와 건물이 있고 그 외에 토지와 건물에 부가되어 있는 기계, 기구 기타 공장의 공용물에 있는데 이들 기계, 기구 기타 공용물도 공장저당권의 효력이 미치는 지가 의문시 될 수 있다.

기본적으로 이들에 대해서도 공장저당권의 효력이 미친다. 다만 공장의 기계, 기구 기타 공장의 공용물에 공장저당권의 효력이 미치기 위해서는 한 가지 조건이 있다. 그것은 바로 공장저당권 설정계약을 맺고 그 등기를 할 때 등기신청서에 반드시 기계, 기구 목록을 기재하여 제출해야 한다는 것이다.

이 목록은 등기소에서 발급 받을 수 있는데 공장을 경매로 매수할 경우 반드시 이 목록을 발급 받아 확인해야 한다. 그 이유는 공장을 매수한 이후 토지나 건물 외에 기계, 기구까지도 소유권을 행사 할 수 있어야 하기 때문이다.

그런데 이 기계, 기구 중에는 처음부터 공장 소유자의 것이 아닌 리스회사의 소유인 경우도 있다. 이런 경우에는 경매로 매수를 하더라도 낙찰자인 매수인은 소유권 행사를 할 수 없다. 그 소유권은 리스회사의 소유이기 때문이다.

□ 공장저당권에 대한 목적물의 범위

앞서 설명한 대로 공장은 토지 및 건물과 그에 부가되어 설치된 기계, 기구 기타 공장 공용물을 공장에 속하는 것이라고 설명한 바 있다. 물론 이들은 반드시 목록과 함께 등기되어 있을 때 그 효력이 미친다고 할 수 있다. 그런데 공장과 별도로 떨어져 있는 직원용 기숙사 건물이나 그 토지 등은 공장저당의 목적물이 될 수 없다.

그 이유는 이들 건물은 공장이라는 토지와 건물에 포함되어 있는 것이 아니기 때문이다. 다만 공장에도 공장저당권이 아닌 민법상 일반 저당권이 설정된 경우가 있다. 이런 경우에는 공장저당권과는 관계없이 공장저당권의 효력이 미치기 위한 조건인 목록을 작성해서 등기를 하지 않더라도 민법의 규정에 따라 저당권의 효력은 공장의 건물 및 토지의 종물 또는 부합물에도 미치게 된다는 점이 저당권과 공장저당권의 차이라고 할 수 있다.

그리고 공장저당권 설정 당시부터 당사자 사이에 공장의 부가물, 종물, 설치물 등에 대하여는 그 효력이 미치지 않기로 합의하는 특약을 맺은 경우에는 저당권의 효력이 미치지 않는다. 다만 이러한 특약은 반드시 등기를 해야 그 효력이 있다.

따라서 공장에 대한 권리분석을 할 경우에는 등기부를 다른 경우보다 세심하게 살필 필요가 있다. 하지만 대부분의 경우 공장의 부속물 등은 그 목록이 작성되어 등기된 경우가 대부분이기 때문에 이런 일이 흔히 일어나지는 않는다.

공장저당권이 설정된 물건이 경매로 나와 향후 매각이 되면 일반 저당권과 마찬가지로 말소촉탁의 대상이 된다. 또한 선순위 공장저당권은 다른 후순위 권리자들보다 우선변제권도 행사할 수 있다. 공장저당권과 일반 저당권은 모두 물권이다. 따라서 공장저당권 여럿이 설정된 경우에는 그 시간 순서에 따라 순위가 결정되어 배당을 받게 된다.

즉 물권 상호간에는 시간순서에 의한 다는 원칙이 여기서도 적용된다. 또한 공장저당권과 일반 저당권이 함께 설정된 경우에도 이 양자는 모두 물권이기 때문에 설정된 시간 순서에 따라 그 순위가 정해지고 배당을 받게 된다.

아울러 공장저당권이 설정된 이후에 전세권, 지상권이 있는 경우에도 전세권과 지상권은 공장저당권에 밀리게 되고 전부 말소촉탁의 대상이 된다. 공장저당권은 앞에서 이미 배운 물권과 채권을 정확히 이해하고 있으면 권리분석에 큰 어려움이 없다.

다만 공장에 대한 권리분석은 이들 시간 순서들에 위한 순위 보다는 공장의 기계, 기구 등이 그 목적물에 포함되는지가 더 중요하다고 할 수 있다.

주택임대차
보호법은
권리분석의
근간이 된다

핵심내용
3가지만 알면
다 알게 된다

지금까지 권리분석에 대한 설명을 하면서 빼놓지 않고 등장하는 단어가 아마도 임차인이었을 것이다. 그 만큼 임차인이 권리분석을 할 때 비중을 많이 차지하기 때문이다.

특히 주택을 권리분석 할 때 가장 세심하게 분석해야 하는 것이 대항력 있는 임차인을 구별해 내야 하는 것이다. 앞서 배운 대로 물권의 경우 등기부에 등기를 해야 그 권리에 대한 순위가 인정된다.

하지만 주택 임차인의 경우에는 등기를 하지 않더라도 다른 방법으로 공시를 하면 물권과도 순위에서 뒤지지 않고 시간 순서에 따라 결정될 수 있다. 즉 임차인의 이런 점 때문에 주택임대차보호법을 반드시 알고 있어야 권리분석이 가능해진다

주택임대차보호법은 주택을 소유한 사람에 비하여 상대적으로

사회적 약자의 위치에 있는 주택임차인을 보호하여 국민 주거생
활의 안정을 도모하고, 사회 정책적 목적을 달성하기 위하여
1981. 3. 5. 제정된 특별법으로서 주택임대차에 관하여 민법에
대한 여러 가지 특례를 규정하여 임차인의 권리를 보호해 주고
있다.

이에 따라 주택임대차보호법에서는 특별히 임차인을 보호하기
위해 여러 가지 규정을 하고 있지만 그 중에서도 3가지의 핵심
적인 내용만 알고 있으면 주택임대차보호법은 어렵지 않게 해결
할 수 있다.

■ 임차인의 대항력은 주택의 인도와 전입신고이다

임차인이 대항력을 갖추기 위해서는 선순위 저당권 등이 없는
임차주택에 입주하고 주민등록상 전입신고를 마치면(이것을 '대
항요건'이라고 한다) 그 효력이 발생한다. 임차인이 대항력을
갖추게 되면 그 다음날부터 그 임차한 주택이 타인에게 이전되
거나 경매로 매각되더라도 새로운 집주인(양수인·매수인)에게
임차권을 주장하여 임대차기간이 끝날 때까지 살 수 있다.

나아가 임대차기간이 만료되더라도 임차인은 임대보증금 전액
을 돌려받을 때까지 임차한 주택을 비워 주지 않아도 된다. 다시
말해서 이러한 경우에 대항력을 취득한다고 말한다.

하지만 임차인이 대항력을 갖추어도 확정일자를 받지 않았거나,

소액임차인이·아닌 경우에는 배당에서 보증금을 우선변제를 받을 수 없다. 물론 우선변제는 받지 못하겠지만 여전히 낙찰자인 매수인이 인수하게 되기 때문에 계약만료가 된 이후에 임대보증금은 전부 반환받을 수 있다.

◼ 확정일자를 받아야 우선변제권을 행사할 수 있다

임차인이 대항요건과 확정일자를 모두 갖추면 임차한 주택이 경매가 되더라도 그 주택의 매각대금에서 후순위 담보권자나 기타 일반채권자보다 우선해서 보증금을 배당 받을 수 있게 된다. 대항력은 임차 주택에 계속 거주할 수 있고, 나중에 낙찰자인 매수인이나 새로운 소유자에게 임대보증금을 반환받을 수 있는 권리만 주어지지만 확정일자는 경매절차에서 우선하여 임대보증금을 배당받을 수 있는 권리가 주어지는 특징이 있다.

위 두 가지 핵심 내용을 정리하면,
첫째가 주택임차인은 낙찰자인 매수인이나 임차주택이 다른 사람에게 매매됐을 경우 매수인에게 등기 없이도 주택의 인도와 주민등록만으로도 대항력을 취득하는 것이고, 다음으로 주택 임차인의 대항력은 인도 및 주민등록을 마친 다음 날부터 발생한다는 것이다. 비록 주택임차인이 전세권 등기를 하지 않더라도 등기를 한 것과 같은 효력을 국가가 인정해 주는 것으로 임차인에게는 엄청난 권리를 인정해 주고 있다. 하지만 그런 권리도 아무 때나 인정해 주는 것은 아니고 위두 가지를 갖추었을 경우에만 인정해 준다.

소액임차인의 경우에는 임차주택이 경매되더라도 임차주택 가액의 1/2 범위 안에서 일정한 금액까지는 후순위 담보권자 및 일반채권자와 더불어 선순위 담보권자보다도 우선하여 배당을 받을 수 있다.

임차인 중에서도 소액임차인은 특별한 대우를 받는다는 것을 알 수 있다. 다만 이 경우에도 특별한 보호를 받기 위해서는 임차주택에 대하여 경매개시결정기입등기가 경료되기 전에 입주를 완료하고 주민등록상 전입신고를 마쳐야만 한다.

2 임차인이 법인이면 보호받지 못한다

만약 임차인이 주택임대차보호법에서 정한 사항만 갖추고 있다고 해서 누구나 보호 받을 수 있는 것은 아니다. 원칙적으로 임차인은 개인만이 보호받을 수 있다. 주택임대차보호법이 실시된 배경을 보면 충분히 알 수 있다.

임차인은 법인도 있을 수 있고, 개인도 있을 수 있고 개인 중에서도 외국인도 있을 수 있다. 하지만 주택임대차보호법의 입법 취지상 법인은 보호받기가 어렵다. 외국인의 경우는 일단 개인이기 때문에 남이 나라에 와서 차별을 받는다면 야속하지 않을까 생각한다.

사례를 보면서 보호받는 임차인의 보호 범위에 대해서 알아보도록 한다.

---------------- ◾ 회사가 복지를 위해 임차한 경우

A회사는 지방에 소재한 관계로 직원의 주거 복지를 위해 한 빌라를 임차하여 직원들을 살 수 있도록 하였다. 하지만 행정상의 편의를 위해 그 빌라에 대한 전입신고는 회사 명의가 아닌 입주한 직원의 명의로 마쳤다. 이 경우 A회사는 주택임대차보호법상 주택임차인으로서 보호받을 수 있을까?

"보호받을 수 없다. 주택임대차보호법은 자연인인 무주택자의 주거 안정을 위해 특별히 제정된 법이고, 법인은 처음부터 대항요건의 하나인 주민등록을 자신의 명의로 할 수 없을 뿐만 아니라 그 직원 명의로 주민등록을 마쳤다고 하더라도 이를 법인의 주민등록으로 볼 수 없기 때문이다. 따라서 법인은 사원들의 복지를 위해 주택을 마련할 때는 전세권을 설정하고 등기를 한 후 직원들을 입주시키는 것이 안전하다고 할 수 있다.**"**

---------------- ◾ 외국인도 보호를 받을 수 있는지

A는 외국인으로서 한국에 있는 회사에 취업을 했다. 이에 따라 A는 약 2년 정도 한국에서 거주할 수 있는 집을 구한 후 이사를 한 후 주민등록상의 전입신고를 마쳤다. 이 경우 외국인 A도 임차인으로서 보호를 받을 수 있을까?

"외국인도 내국인과 동일하게 보호받을 수 있다. 그 이유는 출입국관리법 제31조 및 제36조는 90일을 초과하여 국내에 체류하는 외국인은 외국인등록을 하여야 하고, 등록된 외국인이 체류지를 변경한 때에는 새로운 체류지에 전입신고를 하여야 한다고 규정하고 있다.

주민등록법 시행령 제6조는 외국인은 주민등록에 관한 신고 대신에 출입국관리법에 의한 외국인등록을 하면 된다는 내용을 규정하고 있기 때문이다. 또한 외국인이 새로운 체류지로 전입신고를 하였다면 대항요건인 주민등록상 전입신고를 갖추었다고 할 수 있기 때문이다.**"**

결국 주택임대차보호법은 내·외국인을 막론하고 개인은 주택임대차보호법상의 일정한 규정만 갖추고 있다면 보호를 받을 수 있고, 회사는 어떠한 경우에도 모든 규정을 갖추었다 할지라도 보호받을 수 없다는 것을 알 수 있다.

3 주거용이 적용대상의 기준이 된다

주택임대차보호법의 적용대상도 그 기준이 있다. 주택임대차보호법이 주택을 소유하지 못한 사람들을 위해 제정되었기 때문에 모든 건물이 적용대상이 되는 것은 아니다. 즉 원칙적으로는 주택만이 그 적용대상이 된다고 보면 된다. 다만 일반 상가 건물이 문제가 되는 경우가 있다. 어떤 경우에는 상가건물 전체를 주거용으로 사용하는 경우도 있고 일부는 주거용, 일부는 상가로 사용하는 경우가 있다. 이러한 경우에도 주택임대차보호법의 적용대상이 될 수 있을까 하는 경우가 있다. 비록 상가건물이라도 실제로는 주거용으로 사용하고 있기 때문에 주택임대차보호법이 적용되는 경우와 그렇지 않은 경우가 혼재하기 때문에 그 기준을 알아둘 필요가 있다.

주택임대차보호법상 주택을 그 적용대상으로 하는 것은 분명한 사실이다. 하지만 주택이 아닌 다른 건물의 경우 이를 개조해서 사실상 주거용으로 사용되는 경우가 있다. 이러한 건물들은 일정한 기준에 따라 그 적용대상 여부가 달라질 수 있다. 주택 이외의 건물이 이 법의 적용을 받는데 있어서 좀더 폭넓게 적용되는 판단기준을 알아 볼 필요가 있다. 따라서 그 기준을 살펴보면,

첫째, 주거용 건물과 비주거용 건물의 기준은 세입자가 임차하고 있는 건물이 현재 일상생활을 하는데 사용하고 있느냐를 기준으로 판단하여야 하는 것이지 등기부나 건축물관리대장상의 용도만을 기준으로 해서 판단해서는 안 된다.

둘째, 주거용 건물의 기준은 등기 또는 건축허가의 여부와는 상관없다. 즉 비록 등기는 되어 있지 않았지만 세입자가 입주하여 살고 있다면 이 법의 적용대상이 된다.

셋째, 주거용 건물 여부를 판단하는 시점은 임차인과 임대인이 계약체결 때를 그 기준으로 한다. 그런데 주거 형태에 따라서도 이 법의 적용대상 여부는 달라지는데 다음과 같은 사례로 이를 알아보도록 한다.

건축물관리대장에는 건물 용도가 공장으로 되어 있지만 내부구조를 변경한 후 주거용으로 사용하고 있는 건물을 임차인이 입주와 동시에 전입신고를 마쳤을 경우에도 주택임대차보호법의 적용을 받을 수 있는지?

"적용받을 수 있다. 건물이 주택임대차보호법의 적용 대상이 되는 주거용 건물인지 아닌지는 등기부나 건축물관리대장 등 공부상의 표시만을 기준으로 할 것이 아니고, 현재 사실상 주거로 사용하는지 여부를 기준으로 결정하여야 한다. 그러므로 공부상 그 용도가 상가나 공장으로 되어 있을지라도 건물의 내부구조 및 형태가 주거용으로 그 용도가 변경된 건물을 임차하여 실제로 주거용으로 사용한다면 주택임대차보호법이 적용된다."

참고로 다가구주택의 옥탑방을 주거용으로 용도 변경하여 사용하는 경우를 흔히 볼 수 있다. 그런데 이러한 옥탑방의 경우도 세입자가 임차하여 사실상 주거용으로 사용하고 있다면 주택임대차보호법의 적용을 받는다.

A는 현재 주택의 일부를 미용실로 개조한 상가를 임차하여 입주 및 주민등록상의 전입신고를 마쳤다. A는 그곳에서 살면서 동시에 미용실을 운영하고 있는데 이러한 경우에도 주택임대차보호법의 적용을 받을 수 있는지?

"적용을 받아 A는 보호받을 수 있다. 그 이유는 주택임대차보호법 제2조 단서를 보면 '임차한 주택의 일부를 주거 이외의 목적으로 사용되는 경우에도 같은 법이 적용 된다' 라고 규정하고 있기 때문이다. 하지만 주택과 상가의 구조와 점유면적, 건물의 주된 용도 등을 고려할 때 오히려 비주거용 건물의 일부를 주거로 사용하고 있다고 판단될 경우에는 이 법이 적용되지 않을 수도 있다. 그러므로 이러한 경우에는 입찰자는 임차인이 사용하고 있는 부분을 정확하게 파악하고 입찰에 참여하는 것이 안전하다. 다만 임차인이 거주와 동시에 상가를 운영하면서 상가임대차보호법에 따라 대항력을 갖추었다면 주택임대차보호법과는 별도로 향후 경매절차에서 낙찰자인 매수인에게 대항할 수도 있기 때문에 권리분석을 할 때 주의를 필요로 한다.**"**

A는 방 2개와 주방이 있는 다방 35평을 임차한 후 주거생활을 하면서 동시에 커피숍도 운영하고 있었다. 그런데 이 건물은 전체 면적 중 다방이 25평 정도이고 방과 부엌을 합한 주거용 면적이 10평 정도인데 이 경우에도 적용대상이 되는지?

"적용을 받을 수 없다. 왜냐하면 주거용이 아닌 건물 중 일부에 해당하는 방과 주방은 어디까지나 다방 운영에 부수하여 주거목적으로 사용하는 것에 불과하기 때문이다. 즉 주거용인지의 여부는 주거용과 비주거용이 차지하는 면적에 따라 그 주거 여부를 판단하기 때문이다.

다만 이 경우에도 A가 상가를 운영하고 있기 때문에 상가건물임대차보호법에 따라 대항력을 갖춘 경우라면 주택임대차보호법과는 별도로 낙찰자인 매수인에게 대항할 수 있기 때문에 매수인도 이 점을 확인할 필요가 있다."

A는 처음에 과일가게로 임차를 한 후 영업을 하다가 장사가 잘 되지 않자 점포를 주거용으로 내부를 개조한 후 사용하고 있는데 이러한 경우도 주택임대차보호법의 적용대상이 되는지?

"적용대상이 되지 않는다. 왜냐하면 주택임대차보호법의 적용대상이 되기 위해서는 임대차계약 당시에 이미 임대건물이 주거용으로 사용할 수 있어야 한다. 따라서 이 경우에는 계약 당시에 상가용 건물이었다면 그 후 임차인이 임의로 주거용으로 그 구조를 변경하더라도 주택임대차보호법의 적용을 받을 수 없다. 다만 임차인이 임대인으로부터 허락을 받은 후 주거용으로 구조를 변경하였다면 개조한 때부터 이 법의 적용대상이 될 수 있다.**"**

□ 미등기 건물을 임차한 경우

A아파트가 아직 등기되지 않았지만 임차인이 임대인의 말만 믿고 입주 한 후 임대차계약서에 확정일자를 받았다면 주택임대차보호법상의 적용을 받을 수 있는지?

"적용을 받을 수 있다. 나아가 임차인은 A아파트가 경매로 넘어갔을 경우에도 우선변제권을 행사할 수 있다. '준공검사' 및 '가사용승인' 여부를 불문하고 주택임대차보호법의 적용대상이 된다. 다만 임차인의 입장에서는 임대차계약을 체결하기 전에 반드시 임대인이 실제 소유자가 맞는지 확인해야 한다.

사실 미등기인 경우에도 건축물대장상에는 소유자의 표시가 되어 있는 경우도 있기 때문에 건축물대장을 발급받아 쉽게 확인할 수도 있다. 아울러 임대인으로부터 임대에 관한 사항을 위임받은 자

와 계약을 체결할 경우에는 인감도장이 날인되고 인감증명서와 신
분증이 첨부된 위임장을 반드시 확인해야 한다."

대항력은
주택을 인도 받고
전입신고를 해야 얻는다

임차인이 주택을 인도 받고 주민등록상의 전입신고를 하면 그 다음날부터 대항력을 취득한다. 즉 두 가지 요건만 갖추면 되는 것이다. 임차인이 대항력을 갖추게 되면 어떤 효력이 있을까?

임차인이 대항력을 갖추게 되면, 낙찰자인 매수인이나 원래의 소유자로부터 주택을 산 현재의 소유자 등 다른 제3자에게 대항할 수 있게 된다. 즉 소유자가 바뀌더라도 대항력이 있는 임차인은 계약기간 동안 살 수 있고 계약기간이 끝나면 임대보증금을 반환 받을 수 있게 된다. 다만 이러한 대항력도 상황에 따라 달라질 수 있는 경우가 많으므로 구체적인 사례를 통해 알아보도록 한다.

처음에는 가족이 같이 살았으나 남편이 지방에 근무하는 관계로 처와 자식들만 주민등록상 전입신고를 하고 실제 임차인인 남편은 전입신고를 하지 못한 경우라도 대항요건을 구비했다고 할 수 있는지?

"대항요건이 인정된다. 그 이유는 임차인의 처와 자식들은 실제 임차인인 남편과 공동으로 생활을 함께하고 있는 이상 다른 가족들만의 주민등록상 전입신고를 하여도 주택임대차보호법상의 대항요건인 주민등록을 마친 것으로 볼 수 있다고 '판례'가 보고 있기 때문이다.**"**

▣ 점유보조자가 실제 살고 있는 경우

서울에서 학교를 다니기 위해 원룸 방 1칸을 임차한 후 주민등록상 전입신고를 하고 살고 있었다. 그런데 이 학생은 대학생이지만 1학년이라 아직은 미성년자인 관계로 그 임대차계약만큼은 부친의 명의로 체결을 하였다. 이 경우에도 미성년자가 갖춘 대항력이 인정되는지?

"이 경우도 점유보조자인 미성년자의 대항력이 인정된다. 왜냐하면 임차인인 부친이 미성년자인 자녀를 통해 간접적으로 점유하는 것으로 되기 때문에 미성년자인 자녀가 주택을 인도받고 주민등록상 전입신고를 마쳐 대항요건을 갖춘 이상 임차인인 부친도 대항력을 취득하는 것으로 되기 때문이다.

참고로 '점유보조자'란 다른 사람(점유자)의 지시를 받아 사실상의 점유를 하는 사람을 말한다. 여기서는 부친인 아버지가 점유자가 되고 미성년자인 자녀는 점유보조가 된다. 위 사례는 판례로 인정되는 경우로 점유보조자에 의해 주택을 임차하는 경우에도 대항력을 인정해 주고 있는 사례라고 할 수 있다."

■ 지번을 잘못 기재한 경우의 대항력

임차인 A는 주민등록 전입신고를 하면서 역삼동 737번지를 747번지로 주택의 지번을 착오로 잘못 기재하여 주민등록부에는 당초 지번이 아닌 747번지로 전입신고를 하게 되었는데 이때에도 대항력이 인정되어 주택임대차보호법상 보호를 받을 수 있는지?

"보호받을 수 없다. 지금까지 판례가 형성된 것을 보면 착오로 인하여 지번의 전입신고가 잘못 되어 버린 경우 주민등록상 실제 지번과 일치하지 않기 때문에 주택임대차보호법상에서 규정하는 유효한 공시방법을 갖추지 못했다고 보고 있다.

그 이유는 주택임대차보호법에서 인정되는 임차인은 그 등기를 하지 않더라도 간단히 공시방법을 갖출 수 있기 때문이다. 판례도 만찬가지 태도를 보이고 있다. 따라서 임차인은 최대한 빠른 시간 안에 처음 지번인 737번지로 주민등록을 정정해야 그 보호를 받을 수 있다."

◼ 공동주택에 지번만 전입 신고한 경우

A는 공동주택인 연립주택을 임차한 후 254-1번지 A동 201호가 맞는 지번임에도 불구하고 동과 호수는 표시하지 않고 254-1의 지번만으로 주택을 인도 받은 후 전입신고를 마쳤다. 이 경우 A의 대항력은 인정되는지?

"A는 보호받을 수 없다. 대법원 판례는 다세대, 연립주택 등 공동 주택의 경우 동과 그 호수가 누락된 채 전입신고를 했을 경우 적법한 전입신고로 보지 않아 대항력을 인정해주지 않고 있다. 또한 주민등록법상으로도 공동주택의 경우 지번 다음에 공동주택의 동과 호수를 기재하도록 규정하고 있어 이를 뒷받침 해주고 있다. 과거에는 경매 물건 중에 이러한 경우가 상당히 많았다. 하지만 최근에는 많은 사람들이 이를 알고, 정확히 동과 호수를 기재하고 있다. 하지만 아직도 이러한 경우가 심심치 않게 일어나고 있으므로 입찰자들의 입장에서는 항상 임차인의 계약서와 주민등록사항을 체크하는 지혜가 필요하다.**"**

□ **동의 표시를 잘못기재 했을 때의 대항력**

A는 신축한 연립주택을 임차하면서 그 외부에 동 표시가 '202
동'으로 표시된 관계로 연립주택 202동 303호를 미등기 상태에
서 미리 입주하였고 주민등록상 전입신고도 '202동 302호'로
했다.

이후 A가 살고 있는 이 연립주택은 준공검사를 마치게 되었고
건축물관리대장상에는 'A동'으로 등재됨에 따라 등기부도 'A
동 303호'로 소유권보존등기가 됐다. 이에 따라 A의 주소는 주
민등록상의 주소와 등기부 및 건축물대상인 공부상의 동 표시와
일치하지 않게 되었는데 이 경우에도 대항력이 인정되어 보호
받을 수 있는지?

"A의 대항력은 인정되지 않아 주택임대차보호법상 보호를 받을
수 없다. 그 이유는 임차인들의 보호를 위해 주민등록상 그 주소
지는 등기와 같은 공시 방법이 되기 때문이다. 따라서 주민등록상
의 주소가 등기부나 건축물관리대장 등 공부와 그 표시가 일치하
지 않을 경우에는 유효한 공시방법이 아니기 때문에 대항력을 갖
추지 못해 보호 받을 수 없게 된다.**"**

◘ 다가구용 단독주택과 대항력

다가구용 단독주택은 단독주택으로 분류되지만 각 호수가 있어 공동주택과 유사한 점이 있다. 그런데 A는 다가구용 단독주택을 임차하면서 주인의 말대로 250번지 1층 1호로 전입신고를 했다. 그런데 실제로 A가 살고 있는 이 주택은 지층 1호로 되어 있었다. 이런 경우에도 A는 주택임대차보호법상 보호를 받을 수 있는지?

"다가구용 단독주택은 비록 그 형태가 공동주택인 다세대 주택과 유사한 면이 있더라도 건축법상 단독주택에 해당한다. 공동주택이 아닌 이상 동과 호수는 일치할 필요가 없다. 즉 다가구용 단독주택은 지번만 정확히 일치하고 있으면 그 호수가 일치하지 않더라도 유효한 공시방법이 된다. 따라서 A는 보호받을 수 있다. 대법원 판례도 확고하게 인정하고 있다."

◘ 일시적으로 주민등록을 옮긴 경우

A는 가족과 함께 주택을 인도받고 주민등록상 전입신고를 하여 대항력을 갖추고 살고 있었다. 하지만 어떤 사정으로 계속 임차한 주택에서 살고는 있었지만 가족 모두의 주민등록만을 잠시 옮겼다가 다시 전입신고를 하여 대항력을 갖췄다. 하지만 공교

롭게도 다시 전입신고를 하는 사이 임차한 주택에 집주인이 근저당권을 설정하였고 후일 그 주택이 경매신청이 있었는데 이 경우에도 A는 낙찰자인 매수인에게 대항력을 주장할 수 있는지?

"A는 대항력이 인정되지 않는다. 그 이유는 임대기간 중에 주민등록을 옮기면 그 집에서 계속 살고 있더라도 대항력은 상실하게 된다. 즉 주택의 인도와 주민등록은 주택임대차보호법상 대항력의 취득요건임과 동시에 존속요건이기 때문에 대항력의 유지를 위해 계속 존속하고 있어야 한다.

따라서 다시 주민등록을 옮겨 전입신고를 했더라도 대항력은 소급하지 않고 그 때부터 새로운 대항력이 발생하기 때문에 향후 경매로 인해 매각되면, 낙찰자 매수인에게 대항할 수 없게 된다. 하지만 A의 가족 중 일부만이라도 주민등록을 옮기지 않고 있었다면 대항력이 인정되어 낙찰자인 매수인에게 대항할 수 있게 된다."

■ 근저당권과 대항력 인정 여부

A는 주택을 임차한 후 이사를 하여 실제로 살고는 있었지만 시간관계상 주민등록상 전입신고는 며칠 후에나 할 수 있었다. 그런데 그 사이 임대인이 은행으로부터 대출을 받음과 동시에 근저당권을 설정하였다. 그런데 만약 이 임차주택이 경매로 넘어

갔을 경우 A는 낙찰자인 매수인에게 대항 할 수 있는지?

"A는 낙찰자인 매수인에게 대항할 수 없어 임차한 주택을 비워줘야 한다. 만약 A가 비워주지 않을 경우 이미 배운 대로 낙찰자인 매수인은 법원에 인도명령을 신청한 후 이를 강제집행 할 수 있다. 그 이유는 권리분석 부분에서 배운대로 A는 물권인 근저당권보다 늦게 공시방법 즉 대항력을 갖추었기 때문이다.
즉 A의 임차권은 비록 채권이긴 하지만 주택임대차보호법상 공시방법을 갖추게 되면 '물권화된 채권'으로서 물권과 동등한 위치에서 그 순위가 결정될 수 있지만 근저당권보다 공시방법을 늦게 갖추었기 때문에 보호대상이 되지 못한다. 따라서 주택을 임차하는 경우에는 이사함과 동시에 곧바로 전입신고를 마쳐야 피해를 보지 않게 된다. 나아가 꼭 본인이 아니어도 가족 중의 일부라도 전입신고를 하면 안전하게 보호받을 수 있다."

■ 가등기나 가처분 이후에 대항요건을 갖춘 경우

A는 서울아파트를 임차한 후 대항요건을 갖췄다. 하지만 서울아파트에는 가등기가 되어 있는 관계로 후일 가등기권자는 가등기에 기한 본등기를 한 후에 임차인 A에게 집을 비워 줄 것을 요구하였다. 이 경우 A는 가등기권자의 요구에 응해야 하는지?

"A는 가등기권자에게 집을 비워 줘야 한다. 왜냐하면 A가 가등기 보다 늦게 전입하여 대항요건을 갖춘 관계로 가등기권자에게는 대항할 수 없기 때문이다. 즉 가등기는 본등기를 하면 가등기의 순의로 소급을 하기 때문에 그 보다 늦게 전입한 A는 대항할 수 없기 되는 것이다.

처분금지가처분등기가 있은 후 대항력을 갖춘 경우에도 앞의 사례와 동일하다. 그 이유는 가처분의 신청인이 본안소송에서 승소하여 확정판결을 받고 소유권이전등기를 마치면 임차인이 대항요건을 갖춘 시점 보다 앞서기 때문에 대항 할 수 없게 된다."

◻ 가압류와 대항력

A는 가압류등기가 되어 있는 주택을 임차한 후 입주와 동시에 전입신고를 하였다. 그런데 어느 정도 시간이 지난 후 가압류채권자는 가압류에 기한 확정판결을 받아 강제경매를 신청하였는데 이 경우도 A는 낙찰자인 임차인에게 대항할 수 있는지?

"A는 대항할 수 없다. 앞서 권리분석 부분에서 설명 했듯이 가압류 이후의 권리가 말소촉탁의 대상이 되기 때문에 임차인 A는 낙찰자인 매수인에게 대항할 수 없어 집을 비워주고 배당금을 받아갈 수 있을 뿐이다. 실제로 이러한 경우가 상당히 존재한다. 임대인이 곧 해결할 것이라는 말만 믿고 덜컥 임대차계약을 체결해 버리는 임차인들이 상당수 있는데 가장 조심해야 할 부분이다."

# 우선변제권이 인정되려면 확정일자를 받아라

　　A는 서울아파트에 2005. 3. 2. 입주를 하고 전입 신고까지 마쳐 대항력을 갖추고 있었다. 하지만 A는 확정일자를 2005. 4. 30.에 받았다. 이후 서울아파트의 임대인인 소유자는 A가 확정일자를 받기 전인 2005. 4. 10.에 은행으로부터 대출을 받으면서 근저당권을 설정했다. 이 때 만약 A가 임차한 아파트가 경매로 매각된 경우 임차인 A는 어떻게 될까?

첫째, A는 대항력을 갖추었기 때문에 낙찰자인 매수인이 인수를 해야 하는 부담이 있다.

둘째, A는 비록 대항력은 인정되지만 자기가 살고 있는 집이 경매로 넘어갔기 때문에 기분이 좋지 않아 이사를 위해 배당요구를 할 생각이지만 우선변제권을 행사할 수 없어 근저당권 보다 우선하여 배당을 받을 수는 없다.

그 이유는 A가 확정일자를 받은 시점이 근저당권설정일 보다 늦기 때문이다. 즉 확정일자를 근저당권보다 늦게 받았기 때문에 근저당권보다 우선하여 배당을 받을 수 없다. 그렇다면 임차인 A는 피해를 보는 것이 아닐까?

꼭 그렇지는 않다. 이 때 임차인 A는 계속 경매 주택에 살면서 계약기간이 끝나면 낙찰자인 매수인에게 보증금 반환을 반환 받을 수 있기 때문이다. 다만 배당을 받아 빨리 이사를 가고 싶은 임차인의 경우에는 근저당권 보다 우선변제를 받지 못해 자기의 임대보증금 전액을 배당 받을 수 없어 이사를 못하는 문제만 있게 된다.

하지만 확정일자는 우선변제를 위해 대비하는 것이기 때문에 대항력만 갖추고 있으면 임차인은 큰 문제는 없다고 할 수 있다.

■ 확정일자는 소급하여 받을 수 없다

임대차계약서상의 확정일자란 그 날짜 현재 그 문서가 존재하고 있었다는 사실을 증명하기 위해 임대차계약서에 번호를 기입하고 확정일자인을 찍어주는 것을 말한다. 확정일자는 공증기관(법무법인, 공증인합동사무소 등), 법원·등기소의 공무원과 읍·면·동사무소의 공무원이 확정일자 도장을 찍어 주는 방법에 의하여 부여받을 수 있고 그 비용도 1,000원 정도로 부담도 거의 없다.

그런데 A가 서울아파트에 입주하여 대항력을 갖추고 난 후 확정일자는 경매개시결정기입등기 후에 부여받았다면 어떻게 될까?

이 경우 A는 아무런 문제 없이 우선변제를 받을 수 있다. 따라서 경매개시결정기입등기가 마쳐진 이후 확정일자를 받아도 임차인이 배당요구를 하는데 문제가 없기 때문에 확정일자를 받지 않은 임차인은 지금이라도 받아야 한다. 다만 앞에서도 설명했듯이 확정일자보다 앞서는 선순위 근저당권, 압류, 가압류등기에 우선해서 배당 받을 수는 없다. 이 때의 임차인은 낙찰자인 매수인에게 대항할 수만 있다.

만약 확정일자를 부여받은 임대차계약서를 잃어버렸다면 어떻게 될까?

이 경우 임차인은 임대인으로부터 허락을 받아 계약서를 다시 작성해야 한다. 다만 확정일자는 소급하여 받을 수 없기 때문에 그 사이 근저당권 등 다른 권리들이 설정된 경우라면 그 권리들에 앞서 우선변제권을 행사할 수 없다. 그것은 확정일자 부여기관에서는 단순히 임대차계약서나 다른 서류에 확정일자인을 찍어 줄 뿐 계약서의 내용 등 실체적인 사실에 대해서는 확인만 할 뿐이기 때문이다.

나아가 확정일자 부여기관은 확정일자인을 찍어준 서류를 보관할 의무도 없어 더욱이 소급을 할 수 없다. 임차인 입장에서는 분실하지 않는 방법이 최선의 길이라 할 수 있다.

□ 확정일자는 배당순위와 직결 된다

확정일자를 받는 가장 큰 이유는 우선변제를 받기 위함이다. 임차한 주택이 경매로 넘어갈 경우 임차인에게는 상당히 중요하다고 할 수 있다. 확정일자의 날짜에 따라 근저당권 등과 비교해서 배당순위가 달라지는 세 가지 경우가 있다.

첫째, 임차한 주택에 확정일자와 근저당권설정 등기일이 같은 날짜인 경우가 있다.

이 때에는 확정일자를 받은 세입자와 근저당권자의 배당 순위는 같은 순위로 된다. 그 이유는 임차권도 공시방법을 갖추면 물권과 시간순서에 따라 그 순위가 결정되기 때문이다. 즉 확정일자를 모두 갖춘 최종 시점과 근저당권설정등기를 마친 시점의 시간순서에 따라 결정된다고 할 수 있다. 따라서 확정일자를 받은 시점과 근저당권설정등기를 한 시점이 같은 임차인은 근저당권자와 임대보증금을 공평하게 안분비례 해서 배당 받게 된다.

둘째, A는 주택을 임차한 후 주민등록 전입신고를 했는데 공교롭게도 같은 날 임대인이 임차 주택에 근저당권설정 등기를 하였고 확정일자는 근저당권설정일 보다 늦게 받았다.

이 때는 A는 근저당권자보다 배당순위에서 뒤지게 된다. 그 이유는 A가 확정일자를 받지 않았기 때문이다. 즉 확정일자를 받은 날짜가 근저당권설정등기일보다 시간 순서상 늦기 때문에 근저당권 배당순위가 늦다고 할 수 있다. 다만 임차인은 낙찰자인 매수인에게 대항할 수 있기 때문에 임대차계약기간이 종료되면 임대보증금이 반환을 청구할 수는 있다

셋째, 근저당권자보다 먼저 확정일자를 받은 임차인이 여러 명 있는 경우가 있다. 이 경우 그 임차인들과 근저당권자 상호간에 있어서는 임차인이 근저당권자에 대하여 우선변제권이 인정되고 임차인들 상호간에는 대항요건 및 확정일자를 받은 날짜의 시간 순서대로 그 순위가 결정된다.

〈대항력, 우선변제권, 최우선변제권에 대한 비교〉

구 분	개 념	요 건	발생 효과
대항력	소유자가 변경되도 임차기간 및 보증금을 반환 받을 때까지 계속 살 수 있는 권리를 말함	①주택의 입주 ②주민등록 전입신고	보증금 전액에 대하여 소유자, 양수인, 매수인에게 대항

우선변제권	후순위 권리자보다 우선해서 보증금을 변제 받을 수 있는 권리를 말함	①주택의 입주 ②주민등록 　전입신고 ③확정일자 취득	보증금 전액을 순위에 따라 우선변제
최우선변제권	선순위 권리자보다 우선해서 일정한 소액보증금을 변제 받을 수 있는 권리를 말함	경매개시결정 등기 전에 ① 주택의 입주 ②주민등록 　전입신고	보증금 중 일정액을 최우선변제

6 소액임차인에게는 최우선변제권이 있다

임차인도 임차인 나름이다. 주택임대차보호법에서는 소액보증금에 해당할 경우 즉 임차인의 보증금 중 일정액을 다른 담보물권자들 보다 우선하여 변제받을 권리를 보장해주고 있다.

이런 경우가 바로 소액임차인의 최우선변제권이다. 최우선변제권이라는 것은 임차한 주택이 경매절차 등에서 선순위 권리자보다 우선하여 일정액의 소액보증금을 받을 권리를 말한다. 소액임차인의 최우선변제권은 확정일자를 받지 않더라도 인정되는 권리다.

최우선변제를 받기 위해서는 기본적으로 그 보증금이 다른 임차인들보다 소액보증금에 해당해야 한다. 소액보증금의 범위는 수도권정비계획법에 의한 수도권 중 과밀억제권역은 4,000만 원 이하(최우선변제 일정액 : 1,600만 원), 광역시(군지역과 인천시 지역 제외)는 3,500만 원 이하(최우선변제 일정액 : 1,400만 원), 기타 지역은 3,000만 원 이하(최우선변제 일정액 : 1,200만 원)의 경우에 해당 한다. 이 경우에 해당하는 소액보증금의 임차인은 그 순위와 관계없이 최우선변제권이 인정된다. 다만 소액임차인의 경우도 주의할 점이 있다.

소액임차인에게 아무리 최우선변제권이 인정된다 할지라도, 보증금 전액을 최우선변제 받는 것은 아니라는 것을 꼭 염두 해 두고 있어야 한다. 그러기 위해서는 임차인은 반드시 대항력을 갖춘 후 확정일자를 담보물권보다 앞서 받아야 하는 점을 잊어서는 안 된다.

〈소액임차인에 대한 최우선변제액 범위〉

구 분	서울 광역시(군지역 제외)	기타 지역
84.1.1~87.11.30	300만 원 이하	200만 원 이하
87.12.1~90.2.18	500만 원 이하	400만 원 이하
95.10.19~2001.9.14	2,000만 원 이하 임차인 중 700만 원 한도	1,500만 원 이하 임차인 중 500만 원 한도

2001.9.15.–현재	서울, 수도권 중 과밀억제권역 4,000만 원 이하 중 1,600만 원	기타 지역은 3,000만 원 이하 중 1,200만 원
	광역시(인천광역시 제외)는 3,500만 원 이하 중 1,400만 원	

■ 소액임차인에 대한 최우선변제권의 요건

소액임차인이라고 해서 무조건 인정받는 것은 아니다. 소액임차인도 일정한 요건을 갖출 때만 인정받을 수 있다.

첫째, 보증금이 소액보증금이어야 한다.
둘째, 경매개시결정기입등기 전까지는 대항력을 반드시 갖추고 있어야 한다. 나아가 대항요건도 경매가 진행중일 경우 매각기일까지 계속 유지해야 한다.
셋째, 배당요구의 종기까지 반드시 배당요구를 해야 한다. 하지만 임차인이 배당을 받지 못하더라도 최선순위 담보물권자(보통의 경우 최선순위 근저당권자)에 대하여 대항력을 갖추었다면 임차인으로서는 낙찰자인 매수인에게 대항할 수 있으므로 큰 문제는 없다.
넷째, 임차한 주택이 경매나 공매에 의해서 매각되어 배당을 받게 될 때만 인정받게 된다.

다섯째, 임차주택에는 임차인이 2명 이상인 경우가 있다. 이 때 만약 2명 이상에 대한 보증금의 합산액이 주택 가액의 2분의 1을 초과하게 되면 일정액의 비율로 그 주택 가액의 2분의 1에 해당하는 금액을 분할한 금액만을 배당 받게 된다.

여섯째, 계약 당시에는 소액 임차인이 아니었지만 사정이 생겨 임차보증금을 소액으로 줄인 경우가 있다. 이 경우에는 계약 당시에 임차한 주택에 대하여 경매개시결정기입등기가 되어 있지 않았다면 경매절차가 개시되더라도 소액임차인으로 우선변제권을 행사하는데 문제가 없다.

임대차계약기간은
보장도 되고 갱신도 된다

보통의 임차인들은 주택을 임차할 때 1년 또는 2년 정도를 하는 것이 일반적이라고 할 수 있다. 그런데 그 계약기간을 1년으로 해 놓고 그 집주인이 임대보증금의 인상을 요구하며 계약기간이 지났으니 집을 비워달라는 경우가 흔히 있다. 이 때 계약기간에 대한 규정을 잘 몰라 임대보증금을 올려주는 임차인들이 종종 있곤 하다. 하지만 주택임대차보호법이 사회적 약자를 보호하기 위한 특별법인 만큼 임차인이 일정기간 더 살고 싶으면 그렇게 할 수있도록 제도화 해놓고 있다.

비록 임대차계약기간을 법에서 정한 기간이 아닌 2년 미만으로 정한 경우에도 유효한 계약이 된다. 그 이유는 우리 민법이 계약 자유의 원칙을 취하고 있기 때문이다. 나아가 계약기간을 2년 미만으로 하여 임대차계약을 체결했더라도 그 계약은 주택임대차보호법에서 2년으로 본다는 명문 규정이 있기 때문이다.

즉 1년 계약도 유효하지만 임차인은 주택임대차보호법에서 정한 규정이 있기 때문에 임대인의 의사와는 무관하게 2년간 임차한 주택에서 사는데 문제가 없다. 또한 임차인이 1년으로 하여 임대차계약을 체결했지만 이사를 가고 싶으면 임차인은 일방적인 의사표시로 임대기간의 만료를 들어 임대인에게 그 임대보증금 반환해 줄 것을 요구할 수도 있다.

다만 임차인이 위와 같은 의사표시를 할 경우에는 반드시 내용증명 우편으로 해야 인정이 된다. 물론 구두로 의사표시를 해도 효력자체에는 문제가 없지만 임대인이 부인을 하면 그 입증책임은 임차인에게 있기 때문이다. 따라서 주택임대차보호법에서 정한 임대차계약기간은 임차인에게는 상당히 유리한 규정이라고 할 수 있다.

임대인은 임차인과의 임대관계를 종료시키기 위해서는 계약을 더 이상 갱신하지 않겠다는 의사표시를 해야 한다. 의사표시를 해야 할 시점은 임대차기간이 만료하기 전인 6개월부터 1개월까지의 사이에 해야 하며, 이 경우에도 내용증명 우편으로 반드시 통지해야 한다. 임대인이 위와 같은 기간 내에 의사표시를 하지 않으면 임대차계약은 종전과 동일한 조건으로 다시 갱신되고 임차인은 2년간 계속해서 살 수 있게 된다.

■ 추가로 인상된 보증금은 우선변제권을 행사하기 어렵다

임차인이 임대차계약을 갱신하거나 임대인의 요청으로 임대보증금을 인상해 주는 경우가 종종 있다. 문제는 보증금이 인상되기 전에 이미 근저당권이 설정된 경우가 있다. 이 때 만약 근저당권자가 임의경매를 실행하였다면 임차인은 인상된 보증금에 한해서는 경매절차에서 낙찰자 매수인에 대하여 대항할 수 없게 된다. 또한 근저당권자 우선하여 배당을 받을 수도 없다. 그 이유는 근저당권이 설정된 이후에 보증금이 인상되어 시간 순서상 근저당권 보다 뒤지기 때문이다.

따라서 임차인은 보증금의 인상해 주거나 그에 따른 계약을 갱신 할 때 근저당권 등 다른 담보물권이 설정되어 있는지 확인할 필요가 있다. 만약 위와 같은 문제가 있을 경우에는 임대차계약을 종료하고 다른 주택에 새로 계약을 체결하는 것이 안전한 방법이다.

끝으로 임차인들이 임대인에게 보증금을 인상해 줄 때 주의해야 할 점이 있다. 그것은 바로 인상해 준 보증금의 영수증에 확정일자를 받는 경우이다. 영수증에 아무리 확정일

자를 받아도 임차인은 인상된 보증금에 대하여 후순위 권리자들에게 우선변제권을 행사할 수 없다.

주택임대차보호법 제3조의2 제1항에서 우선변제권이 인정되기 위하여는 임대차계약서에 확정일자를 갖출 것을 규정하고 있기 때문이다. 즉 영수증이 임대차계약서가 아닌 한 보호를 받을 수 없다.

세대합가는 보이지 않는 손이다

　　　주택을 경매로 매수할 때 복병이 하나 있다. 자칫 세심하게 분석을 하지 않으면 당하기 쉬운 것 중의 하나이기도 하다. 그것은 바로 '세대합가'의 문제라고 할 수 있다.

지금까지 주택임대차보호법에 대하여 충실하게 이해를 할 수 있었다면, 세대합가를 이해하는데 어려움은 전혀 없다. 또한 실무적으로 세대합가의 사례가 흔히 발생하는 것은 아니기 때문에 큰 걱정은 아니라고 본다. 하지만 돌다리도 두드려 갈 필요가 있듯이 흔치 않은 경우라도 언제 발생할지 모르기 때문에 반드시 확인해야 하는 사항이다.

세대합가의 가장 큰 문제는 후순위 임차인이라서 무조건 대항력이 없는 것으로 알고 경매로 주택을 매수하는 경우다. 비록 세대주가 후순위 임차인이라도 대항력이 인정되는 경우가 있기 때문에 문제가 발생하는데 무조건 대항력이 없는 것으로 판단하여 낭패를 보는 매수인들이 종종 있다.

'세대합가'란 세대주 A와 B가 있는데 A와 B는 가족으로서 서로 따로 살다가 어떤 사정에 의해 같은 집에 합쳐서 살게 되는 경우 주민등록상에 '세대합가'라고 그 변동사유가 기재되는 것을 말한다. 세대합가는 '세대구성'이라고 표현 및 기재되는 경우도 있다.

■ 세대주가 아닌 세대원에서 문제가 발생한다

세대주 A의 아들은 서울아파트에 2004. 3. 1. 입주와 동시에 전입신고를 마쳤고 2004. 3. 25.에 근저당권이 설정됐다. 이후 세대주 겸 임차인인 A는 아내와 함께 2004. 4. 1. 주민등록상 전입신고를 하고 세대합가를 하였다. 이 경우 대항력의 취득시점은 언제일까?

이런 경우가 세대합가의 문제가 발생하는 경우다. 대항력의 취득시점은 세대주 A의 아들 즉, 세대주의 가족 중 한 사람인 세대원이 전입신고를 마친 2004. 3. 1.이 된다. 그런데 서울아파트는 경매가 신청되어 매각절차중에 있었고 입찰에 참가한 B는 A가 근저당권 이후에 대항력을 취득하였기 때문에 후순위 임차인으로서 대항력을 주장할 수 없을 것으로 알고 매수하였다.

이 때 낙찰자인 매수인 B는 어떻게 될까? B는 A에게 대항할 수 없고 그대로 인수할 책임이 따르게 된다. 그 이유는 비록 후순위 임차인이라도 그 세대원 중의 한 사람이라도 먼저 대항력을 취득하면 인정되는 세대합가 때문이다.

즉 이미 우리가 배운 대로 가족의 일부만이라도 입주 및 전입신고를 하면 대항력이 인정된다는 대법원 판례가 있기 때문에 세대합가의 경우에도 대항력을 인정받게 되는 것이다. 따라서 세대합가의 경우는 고수들의 경우에도 결코 방심해서는 안 된다고 할 수 있다.

▫ 주민등록등본만으로는 세대합가를 알 수 없다

세대합가의 위험성이 있지만 주민등록등본 상에는 잘 나타나지 않는다는 점이다. 주민등록초본에는 각 세대주 및 세대원들의 전입내역이 나타나기 때문에 반드시 주민등록초본을 확인해야 안전하다고 할 수 있다. 세대주와 세대원의 전입일시가 다를 경우에는 세대합가로 생각하고, 반드시 주의를 해야 한다.

따라서 세대합가를 피하기 위한 효과적인 권리분석을 위해서는 처음부터 임차인의 주민등록 사항만을 학인 것이 아니라, 가족 전원의 주민등록 사항도 살펴야 한다.

끝으로 실무적으로 접한 경우를 설명하기로 한다. 임차인들 중에는 별도의 세대를 구성하여 한 집에 같이 사는 경우가 상당히 있다. 그런데 이런 경우는 친인척이 대부분이고 한쪽이 다른 한쪽의 경제 사정이 어렵다는 이유로 무상으로 살 수 있도록 해 준 경우가 대부분이다.

이 때 무상으로 살게 해주면 사용대차가 되어 낙찰자인 매수인은 무상임차인에 대하여 대항할 수 있다. 또한 이들은 무상임차인의 이사비까지 요구하는 경우가 많은데 사용대차의 경우는 낙찰자인 매수인이 책임질 필요가 없다는 말과 함께 인도명령으로 내 보낼 수 있다고 확실하게 의사표시를 할 필요가 있다.

이렇게 되면 임차인의 입장에서는 우선 먼저 이사비를 받아야 하는 처지에 있기 때문에 쉽게 포기하는 경우가 대부분이다.

상가임대차보호법도 주택임대차보호법을 알면 끝난다

상가건물임대차보호법도 주택임대차보호법과 거의 유사한 점이 많다. 따라서 주택임대차보호법을 정확히 알고 이해하는데 큰 어려움은 없을 것으로 본다.

상가건물임대차보호법상의 임차인이란 '사업자등록의 대상이 되는 건물을 임차한 임차인'을 말한다. 상가건물임대차가 주택임대차와 확연히 다른 점이 하나 있다. 주택임대차의 경우 보증금에 대한 제한이 없이 공시기준에 맞는 대항력을 갖추면 모두 보호 받을 수 있다.

이에 반해 상가건물임대차는 전부 보호 받는 것이 아닌 보증금에 일정한 제한을 두고 있다. 상가건물임대차보호법상 보호받을 수 있는 보증금은 서울특별시는 2억 4천만 원 이하, 수도권정비계획법에 의한 수도권 중 과밀억제권역은 1억 9천만 원 이하, 광역시(군지역과 인천시 지역은 제외됨)는 1억 5천만 원 이하, 기타 지역은 1억 4천만 원 이하의 경우에 해당할 때이다.

만약 어느 정도의 보증금과 월세가 있는 경우에는 100을 곱한 후 환산하여 적용하면 된다. 예를 들어 보증금은 1,000만 원에 월세 100만 원으로 상가를 임차하였다고 하자.

이 경우 보호대상이 되는 보증금은 1억1천만 원(1,000만 원 +100만 원×100)이 된다. 다만 상가의 경우 권리금이라는 것이 존재하는데 이 권리금은 상가건물임대차보호법이 있더라도 보호받을 수 없다. 대법원 판례도 확고하기 때문에 상가임차인들은 반드시 기억하고 있어야 한다.

◻ 핵심 사항은 반드시 기억해야 된다

상가임차인이라면 이 법에서 정한 핵심 사항 4가지 정도는 반드시 기억하고 있어야 한다. 입찰자의 입장에서도 핵심 사항을 정확히 알고 있어야 상가에 대한 권리분석이 가능해진다. 4가지 핵심 사항은 주택임대차보호법과 마찬가지로 영세 상인들을 위해 그들에게 특별한 보호권을 준다고 보면 이해하기 쉬울 것이다. 한 가지씩 검토해 보도록 한다.

첫째, 기본적으로 임대차계약기간은 1년간은 보장된다.

즉 계약기간을 정하지 않았거나 1년 미만으로 정한 경우 그 임대차계약기간은 1년으로 본다. 또한 임차인이 임대차기간 만료 전 6월부터 1월까지 사이에 계약의 갱신을 요구하면 임대인은 정당한 사유 없이 거절할 수 없다. 다만 임차인의 '계약갱신요구권'은 최초의 임대차계약기간을 포함하여 전체임대차계약기간이 5년을 초과할 수는 없다. 따라서 임차인에게 최장 5년까지는 임대차계약기간이 보장된다고 할 수 있다.

둘째, 대항력 있는 임차인은 상가의 경매시 임차보증금을 전액 반환 받지 못할 경우 낙찰자인 매수인에게 대항 할 수 있게 된다.

따라서 임차인은 건물 또는 상가의 소유자가 변경되더라도 계속해서 임차권을 행사할 수 있다.

셋째, 임차인이 대항력을 갖추고 확정일자까지 받았을 경우 후순위 권리자 기타 채권자보다 우선하여 보증금을 변제 받을 수 있다.

넷째, 임대료의 상한선이 존재한다. 임대인은 연 12%의 범위 내에서만 임대료를 인상할 수 있다.

◘ 상가의 소액임차인도 최우선변제권이 인정 된다

상가 임차인도 주택 임차인과 마찬가지로 보증금 중 일정액을 다른 담보물권자들보다 우선하여 변제받을 수 있다. 즉 임대보증금이 소액인 경우 최우선변제권이 인정된다. 임차인이 임차한 건물(대지 포함됨)이 경매개시결정기입등기 전에 대항요건인 건물의 인도와 사업자등록을 했다면, 경매나 공매시 매각대금의 1/3 이내에서 보증금 중 일정액을 최우선변제 받을 수 있다. 다만 최우선변제권을 행사할 수 있는 소액임차인이 많아서 그들이 받아야 할 최우선변제금(보증금 중 일정액) 합산액이 건물가액의 1/3을 초과하면, 1/3에 해당하는 금액을 한도로 하여 임차보증금의 비율에 따라 안분비례로 배당을 한다.

〈소액임차인보증금액 및 최우선변제금〉

지역	상가임차인 보호금액	소액임차인보증금	최우선변제 일정액
서울특별시	2억 4천만 원 이하	4,500만 원 이하	1,350만 원
수도권정비 계획법에 의한 수도 권 중 과밀 억제권역	1억 9천만 원 이하	3,900만 원 이하	1,170만 원
광역시 (군지역과 인천시 제 외)	1억 5천만 원 이하	3,000만 원 이하	900만 원
기타지역	1억 4천만 원 이하	2,500만 원 이하	750만 원

썩은 사과만
골라내면
큰 돈 되는
권리분석

법정지상권, 어려워도 짚고 넘어가야 한다

　　　　　지상권과 법정지상권은 같은 물권이지만 극명한 차이가 하나 있다.

지상권은 등기를 해야 하고, 그 순위도 전후 다른 권리들과의 시간 순서 등에 따라 일률적으로 정해진다. 따라서 지상권의 경우 권리분석을 할 때 어려운 문제는 없다. 하지만 법정지상권은 물권이지만 등기를 하지 않더라도 인정된다는 점에 있다.

더욱이 문제가 되는 것은 등기가 되지 않기 때문에 그 법정지상권의 시점이나 인정여부가 외부로 잘 드러나지 않는다는데 있다. 이러한 점 때문에 법정지상권을 어려워하는 것이다.

하지만 경매로 큰 돈을 번 사람들을 보면 법정지상권을 정확히 분석해서 성공한 경우가 상당하다. 그 사람들이 결코 뛰어나서 그런 것은 아니다. 법정지상권에 대한 정확한 이론과 다양한 사례들을 경험했기 때문에 가능한 것이다. 특별한 사람만 성공하는 것이 아니라 정확히 알고 있으면 가능한 일이다. 다만 조금 까다로울 뿐인데 그렇다고 법정지상권을 모르고 경매를 할 생각은 않는 것이 좋다. 어렵더라도 반드시 알고 넘어가야 할 부분이기 때문에 이해하기 어려울 경우에는 여러 번 정독한다면 충분히 이해할 수 있을 것이다.

■ 토지와 건물의 소유자가 달라질 때 인정 된다

등기부를 분석하는 부분에서 이미 설명한 것처럼 우리나라는 토지와 건물을 독립된 별개의 부동산으로 취급하고 있다. 그런데 건물은 토지라는 원재료가 없이는 홀로 존립할 수 없기 때문에 건물은 토지이용권과 불가분의 관계에 놓여지게 된다.

토지와 건물이 별개의 부동산이다 보니 어떤 사정으로 그 소유자가 달라지게 되는 경우가 발생할 수 있다. 만약 토지와 건물의 소유자가 달라지게 될 경우 토지의 이용권이 수반되는 건물은 다른 사람 소유의 토지를 점유하고 사용하게 되어 토지소유자는 건물에 대한 철거를 요청하게 된다.

이렇게 되면 멀쩡한 건물을 허물어야 되는데, 그럴 경우 국민 또는 국가적으로 경제적 손실이 발생한다. 이러한 문제점을 해결하기 위해 건물 소유자에게 법률상 당연히 토지를 이용할 수 있도록 하는 취지로 제도화 된 것이 법정지상권이다.

따라서 법정지상권은 기본적으로 토지와 건물의 소유자가 다른 경우에만 발생할 수 있다고 보면 된다. 토지와 건물의 소유자가 동일한 경우에는 법정지상권의 문제는 발생하지 않는다. 다만 건물소유자에게 당연히 법정지상권을 인정해 준다고 해도 토지를 이용함에 따른 지료까지 면제해 주는 것은 아니다.

건물소유자는 다른 사람의 토지를 합법적으로 이용할 수는 있지만 반드시 토지 소유자에게 그에 따른 지료는 지급해야 한다.

■ 법정지상권이 성립하는 경우

토지와 건물의 소유자가 다르다고 모두 법정지상권이 인정되는 것은 아니다. 법정지상권이 성립하는 경우는 4가지가 있다.

첫째, 토지와 그 지상의 건물이 같은 소유자였는데, 건물에 대하여만 전세권을 설정 해 준 후 토지의 소유자가 변경된 때이다.

둘째, 처음에는 토지와 건물이 같은 소유자이고 토지와 건물 어느 한 쪽에만 담보가 설정되었다가 담보권의 실행에 의한 임의경매로 토지와 소유자가 다르게 된 경우 건물소유자에게 법정지상권이 인정된다.

셋째, 토지와 건물이 같은 소유자였는데 그 토지 또는 건물에 가등기담보, 양도담보권 또는 매도담보권(이들 세 가지 담보권의 특징은 부동산을 담보로 제공하고 돈을 빌리는 제도인데 가등기

담보는 소유권이전에 대한 가등기를 해 주는 것이고 양도담보 및 매도담보는 소유권이전등기를 미리 해 주고 나중에 돈을 갚으면 다시 가등기를 말소해주거나 소유권을 이전해 주는 제도이다)이 설정된 후 임의경매로 토지와 그 건물의 소유자가 다르게 된 때 건물소유자에게 법정지상권이 인정된다.

넷째, 토지와 입목(立木)이 동일인의 소유였지만 경매 등 기타 다른 사유로 토지와 입목이 각각 다른 소유자로 된 때에는 입목 소유자에게 법정지상권이 인정된다.

◼ 법정지상권의 성립요건

앞서 설명한 대로 법정지상권이 인정되는 경우는 4가지가 있다. 그런데 법정지상권이 인정되기에 앞서 반드시 성립요건을 갖추고 있어야 인정되는 경우도 다시 4가지가 있다.

첫째, 저당권을 설정할 때부터 토지 위에 반드시 건물이 존재하고 있어야 한다. 즉 저당권이 설정된 후에 건물이 존재하게 된 경우에는 토지와 건물이 소유자가 다르게 된 때에도 법정지상권이 성립하지 않는다. 아울러 등기여부와 관계없이 건물이 저당권설정 당시부터 존재하고만 있으면 된다. 즉 미등기 여부는 법정지상권의 성립과는 무관하다.

둘째, 저당권 설정 당시에 반드시 토지와 건물이 같은 소유자에

속하고 있어야 한다. 따라서 저당권 설정 당시부터 토지와 소유
자가 다른 상태에 있었다면 이 경우에는 법정지상권이 성립하지
않는다.

셋째, 토지와 건물 어느 한 쪽에는 저당권이 설정되어 있어야
한다.

넷째, 토지나 건물의 어느 한 쪽이 경매 등으로 인하여 소유자가
달라져야 한다.

아울러 법정지상권도 등기를 할 수 있다. 이를 위해서는 법정지
상권자가 토지소유자에게 지상권의 등기를 청구해야 한다. 등기
를 해야 하는 이유는 법정지상권을 제3자에게 처분하려면 등기
를 해야 하기 때문이다.

■ 관습법상 인정되는 법정지상권

앞에서 설명한 법정지상권은 현행 민법의 강행규정으로 인정되
는 권리다. 하지만 판례 등 관습에 의해 인정되는 법정지상권도
있음을 알고 있어야 한다. 관습법상 법정지상권은 토지와 건물
이 동일한 소유자였으나 어느 하나가 매매 또는 기타의 원인으
로 인하여 토지와 건물의 소유자가 다르게 되더라도 처음부터
그 건물을 철거한다는 약정이 없는 한 건물소유자에게 당연히
법정지상권이 인정되는 제도를 말한다.

관습법상 법정지상권이 성립하기 위해서는

첫째, 토지와 건물이 매매 등이 있을 경우 동일한 소유자에 속하고 있어야 한다.

둘째, 매매, 증여, 경매, 공매 등 적법한 원인에 의해 소유자가 달라진 경우에만 인정된다.

셋째, 처음부터 건물을 철거한다는 합의가 없어야 한다.

사례로 분석하면 법정지상권은 어렵지 않다

법정지상권에 대해 이론적 설명을 했다. 앞서 설명한 내용 정도는 꼭 알고 있어야 적어도 법정지상권이 있는 물건을 가려낼 수 있다. 나아가 법정지상권이 성립하는 물건에 꼭 입찰을 하지 않더라도 이를 판별할 줄 알아야 위험을 피할 수 있다.

사례를 통해서 법정지상권에 대해 실전 경험을 하도록 한다.

〈실전사례〉

토지소유자	권리변동사항	건물소유자	권리변동사항
A	1994. 8. 18. 근저당권 설정	D	근저당권 설정 당시 소유자
B	1996. 6. 19. 매매로 소유권이전		1996. 7. 건물 멸실

C	2002. 9. 2. 경매로 매수	B	1997. 1. 16.건물 신축으로 소유

위 사례는 실제로 있었던 사례로서 간단히 정리한 내용이지만 상당히 중요한 사례이기도 하다. 이미 판례로 형성되었기 때문에 법정지상권을 이해하고 실전에 응용하는데 중요한 사례가 될 것이다.

사례를 보면 현재 토지 소유자 C는 경매로 사례의 토지만을 매수하였고 건물소유자는 C가 아닌 B로 되어 있다. 이에 대하여 토지소유자 C는 B에게 자신의 토지를 불법으로 점유 및 사용하고 있으므로 이를 철거해 줄 것을 법원에 소송을 통하여 제기하였다.

하지만 건물 소유자 B는 1996. 6. 19. 당시에는 토지와 건물이 동일인의 소유였다가 경매로 토지와 건물의 소유자가 달라졌으므로 법정지상권을 취득하였다고 주장하며 건물을 철거할 수 없다고 항변하였다.

하지만 법원은 민법 제336조의 법정지상권이 성립하려면 저당권설정 당시 저당권의 목적이 되는 토지위에 건물이 존재하고 그 양자가 동일인의 소유에 속하여야 하는데, 이 사건에서는 토지에 대한 근저당권 설정 당시는 A의 소유였던 반면 멸실되기 전의 건물은 D의 소유였다. 따라서 이 사건 토지에 대한 저당권 설정 당시부터 토지와 건물이 동일인의 소유에 속하지 않았으므로 B의 법정지상권 주장을 받아들여 주지 않았다.

다시 말해서 B의 주장은 자기가 토지와 건물을 소유할 때 동일인이었으므로 법정지상권이 인정된다고 하였지만 법정지상권의 성립요건에 해당하는 저당권 설정 당시에 반드시 토지와 건물이 같은 소유자에 속하여야 한다는 사실을 알지 못하고 있다는 점에 문제가 있었다.

이에 따라 B는 건물을 철거해야 하는 어려운 입장에 놓이게 됐는데 건물을 철거하지 않기 위해서는 C의 토지를 매입할 수밖에 없다. 이런 경우 B는 C가 요구하는 대로 토지가격을 지급해 줄 수밖에 없는 처지에 놓이게 된다. 이 경우 C가 엄청난 차익을 챙기게 되는 것은 자명하다. 이런 경우가 바로 법정지상권으로 큰 돈을 벌 수 있는 사례다.

남들은 법정지상권 때문에 이 사건 토지를 선택하지 않았지만 적극적으로 권리분석을 한 C는 경매의 묘미를 느끼면서 많은 수익을 얻을 수 있었던 좋은 사례다. 법정지상권은 결코 어려운 것이 아니다. 기본적으로 법률의 규정이 있고 판례가 있기 때문에 어느 정도 정형화 되어 있는 경우도 상당히 존재한다.

보통 5-10건 정도만 실전사례를 경험해 본다면 절대로 어렵지가 않다. 법정지상권을 알기 위해 실제로 경매물건을 모의 입찰하는 방법이 가장 좋다. 그런 물건들은 매각이 완료된 다음 법정지상권에 대한 사실을 알 수 있기 때문에 스스로 분석을 해 본다면 충분한 경험을 할 수 있을 것이다.

유치권도
일정한 법칙이
존재 한다

유치권 하면 초보자들에게는 법정지상권과 마찬가지로 기피의 대상이 될 것이다. 하지만 경매로 성공을 하기 위해서는 이 두 분야를 넘지 못하고는 불가능하다고 해도 과언이 아니다.

물론 일반 물건을 통해서도 차익을 남길 수 있지만 앞서 법정지상권의 실제사례를 보면 왜 까다로운 물건이 좋은지를 분명히 알 수 있으리라 짐작할 수 있을 것이다. 유치권도 법정지상권과 공통점이 하나 있다.

바로 유치권이 성립되는지의 여부가 외부로 드러나지 않는다는 점이다. 하지만 유치권도 전부가 어려운 것은 아니다. 어느 정도 예측 가능한 것이 유치권이다. 아울러 유치권의 위험성이 있는 물건을 매수하지 않더라도 유치권에 대해서는 정확히 알고 있어야 적어도 피해를 보지는 않게 된다는 점은 잊어서는 안 된다. 정확한 이론적 무장이 있어야 돈도 벌 수 있고, 피해도 보지 않게 된다.

유치권이란 다른 사람의 물건 또는 유가증권을 점유하는 자가 그 물건이나 유가증권에 대하여 생긴 채권을 가지는 경우 그 채권의 변제를 받을 때까지 그 물건 또는 유가증권을 유치할 수 있는 권리를 말한다.

이를 좀더 쉽게 풀어 설명하면 A가 시계를 수선해 달라고 B에게 의뢰를 하였다. B는 수선을 완료하였지만 A는 수선비를 주지 않고 있다. 이런 경우 B는 A가 수선비를 줄 때까지 계속해서 A의 시계를 유치할 수 있는 권리를 말한다.

또 하나의 예를 들어 보면 A가 B에게 주택을 시공해 줄 요청하였고 B는 A의 요청에 따라 주택을 시공해 주었다. 그러나 A는 B에게 공사대금을 주지 못하였다. 이 때 B는 A로부터 공사대금을 받을 때까지 그 주택의 점유를 계속할 수 있고 계속해서 A가 공사대금을 주지 않을 경우에는 그 주택에 대하여 경매를 신청하여 우선변제를 받을 수 있게 되는 권리를 말한다.

유치권자에게는 ①목적물을 유치하거나 거절할 수 있는 권리 ② 경매신청권 및 간이변제충당의 권리 ③과실수취권 ④유치물의 사용 ⑤비용상환청구권의 권리들이 있다. 이러한 유치권은 경매의 경우 가장 많이 등장한다.

그런데 유치권은 앞서 설명한 대로 구별하기가 쉽지 않다. 따라서 우선 유치권을 잘 모르는 경우라면 입찰명세서에 '유치권 있음 또는 유치권 성립여지 있음' 이라고 표기하기 때문에 이런 경우에는 일단 의심하고 주의를 요한다. 유치권을 판별하는데도 약간의 테크닉이 필요하다.

첫째, 경매 물건의 건축연도를 제일 먼저 파악할 필요가 있다. 건물이 지어진지 얼마 되지 않은 경우에는 앞의 예에서 설명한 것처럼 공사대금에 대하여 유치권을 행사하는 경우가 많다.

둘째, 유치권의 성립여지가 있다면 반드시 경매 물건의 현장을 방문해야 한다. 이 때 유치권을 주장하는 사람은 누구인지, 실제로 경매물건을 점유하고 있는 자가 누구인지를 자세히 파악해야 한다.

셋째, 경매물건의 소유자와 유치권자와의 관계를 파악해야 한다.

실제로 있었던 사례인데 A는 B에게 자기의 아파트가 대출 등 채무가 상당함에도 불구하고 내부 인테리어 공사를 요청하였다. B는 A의 처남으로서 약 300만 원 정도만 들여 인테리어 공사를 해 놓고 이 아파트가 경매로 넘어가자 인테리어 공사대금을

3,000만 원으로 하여 유치권 신고를 하였다. 이 물건을 입찰한 C는 A와 B가 처남인 점을 밝혀낸 후 이를 법원에 제소하여 유치권이 없음을 밝혀냈다.

물론 법원은 담보가 여럿 잡혀 있는 물건에 능력도 없으면서 인테리어 공사를 하여 유치권을 주장한 것은 신의칙에 위반한다고 하여 유치권을 인정해 주지 않았지만, 유치권의 주장이 이유 없다는 단초는 A와 B가 처남 관계라는 점에 있었다.

따라서 유치권자와 관계를 파악하는 것은 반드시 필요한 사항이라고 할 수 있다. 사실 유치권을 주장하는 물건 중에는 소유자와 유치권자간에 담합하는 경우가 대부분이라고 해도 과언이 아니다. 이 부분에 대하여는 입법적으로 현황조사의 실질화 또는 유치권의 원인 채권에 대한 확정판결 등이 있어야 한다고 생각한다.

◻ 유치권 있는 물건에 대한 매수인의 대책

유치권이 성립하는 물건을 매수한 낙찰자인 매수인은 매수대금 외에 유치권자가 주장하는 채권도 부담해야 한다. 이 경우가 매수인이 유치권의 존재를 알았다면 분명 입찰을 하지 않았을 것이다. 이 경우 낙찰자인 매수인의 대책은 몇 가지 정도가 있으므로 반드시 알아 둘 필요가 있다.

첫째, 매각허가결정이 있은 후 확정이 되지 않은 경우라면 매각허가결정에 대한 즉시항고를 해야 한다.

둘째, 매각허가결정이 있고 확정된 후 매수대금을 납부하기 전인 경우가 있다. 이 때는 매각허가결정에 대한 취소 신청을 할 수 있다.

셋째, 낙찰자인 매수인이 매수대금을 납부한 경우가 있다. 이 경우에는 민법 제578조, 제572조, 제575조에 의해 채무자 또는 배당을 받을 채권자에게 소송을 통하여 담보책임을 물을 수 있다. 다만 이 경우에는 채무자 등이 현실적으로 담보책임을 질 수 있는 능력이 문제가 될 수 있다. 따라서 유치권이 있는 물건을 매수한 경우라면 대수대금을 납부하기 전에 빨리 대책을 세울 필요가 있다.

모른다는 이유로 포기하기 보다는 부당하게 매수한 사람에게 구제할 대책을 세워주는 것이 법이기 때문에 적극적으로 임한다면 해법은 충분히 있다고 본다.

□ 유치권에 대한 중요 사례 및 판례

우리 민법에서는 유치권의 대상이 되는 목적물이 점유를 상실한 경우에는 유치권은 당연히 소멸한다고 규정하고 있다.

예를 들어 A가 임차한 주택에 수도를 수리하였는데 임대인 B는 그 수리비(일반적으로 임차인 등 제3자가 해당 부동산을 관리하면서 들인 관리비나 수선비 등은 유치권적 비용으로 유치권을 주장할 경우 인정해 주고 있다)를 변제해 주지 않았다. A는 B에게 그 수리비를 요구하였지만 B는 변제해 준다고 하면서 차일피일 미루고 있는 사이 A는 임대차계약의 종료로 다른 곳으로 이사를 했다.

이 경우 A가 B를 상대로 유치권을 행사할 수 있을까? A는 유치권을 행사할 수 없다. 즉 앞의 민법 규정대로 유치권자가 그 점유할 권원(법률상 또는 사실상의 행위를 하는 것을 정당화시키는 원인)을 상실하게 되면 수리비 등에 대해 유치권을 할 수 없기 때문이다.

그리고 유치권자로부터 유치권의 목적물을 승계한 자가 있는 경우 그 승계한 사람은 유치권을 주장할 수 있을까? 이 경우도 유치권을 승계한 사람은 그 점유를 상실하였기 때문에 유치권을 주장할 수 없다.

즉 유치권은 승계를 이유로 주장할 수 없게 된다. 판례도 비록 건물에 대한 점유를 승계한 사실이 있다고 하더라도 승계한 사람이 먼저 점유한 사람을 대위해서 유치권을 주장할 수 없다고 보고 있다(대판 72다548호).

4. 대지권이 없는 건물 매수인이 이긴다

경매물건 중에는 물건명세서를 보면 '별도등기 있음'이라고 표시된 물건이 종종 있다. 즉 이런 물건들은 대지권이 미등기 상태에 있는 건물들이다. 대지권이 없는 물건은 아파트, 다연립, 다세대 등 집합건물에만 있다. 그 이유는 대지권이 집합건물에만 있기 때문이다. 앞서 배운 집합건물등기부에 대하여 이해를 하였다면 충분히 이해할 수 있을 것으로 본다.
그런데 이런 대지권 미등기 건물은 고수들에게는 좋은 먹이감이 될 수 있다. 즉 대지권을 향후 인정받을 수 있는 경우도 있고 수회 유찰이 되어 있어 비교적 저렴하게 구할 수 있기 때문이다. 대지권이 미등기인 건물을 확인하기 위해서는 집합건물의 토지등기부와 토지대장 집합건물을 떼어보면 의외로 쉽게 권리관계가 정리되어 있는 경우도 있다.

□ 감정평가서에 해답이 있다

대지권 미등기 건물은 감정평가서에 해답이 있다. 그 이유는 대지권은 없더라도 감정평가서상에는 대지지분을 포함해 감정가격을 매긴 경우가 있다. 이런 물건에 낙찰자인 매수인이 매수대금을 납부하면 소유권을 취득하게 되고 대지권에 대한 소유권을 행사할 수 있기 때문에 아무 어려움 없이 해결 된다.

다만 감정평가서상에 대지지분에 대하여 평가를 하지 않은 경우에는 주의를 해야 한다. 이런 경우에는 건설회사 등을 방문 하거나 기타 대지권과 연관이 있는 곳을 계속 방문하여 발품을 팔아야 한다. 보통 수분양자가 잔금을 치루지 못해 대지권 등기가 없는 경우도 있다.

이럴 경우에는 수분양자를 직접 찾아가서 협의를 할 수도 있고, 미납금액을 확인한 후 매수가격을 감안하여 입찰에 참가하면 된다. 설사 대지권 확인을 하기 위해 원하는 해답을 얻지 못하더라도 절대로 실망할 필요는 없다. 그것은 이미 발품을 팔면서 소중한 경험을 했기 때문이다.

□ 대지권 미등기 아파트 사례

〈매각대금 6,500만 원, 경매기록상 대지권 미등기, 3회 유찰〉

권리내역	권리 발생일	권리 발생일	배당순위	배당액
A 근저당권	1996. 6. 1.	2,000만 원	1	2,000만 원

| B 근저당권 | 1996. 7. 1. | 3,000만 원 | 2 | 3,000만 원 |
| C 근저당권 | 1996. 8. 7. | 3,000만 원 | 3 | 1,500만 원 |

위 사례의 아파트는 분당 신도시에 인접해 있고, 대단지인 관계로 매수하였을 경우 실수요자들에게는 우수한 물건이라고 할 수 있다. 그런데 아파트는 대지권이 미등기인 관계로 3회의 유찰이 있고 난 후 매각이 되었다. 그 이유는 대지권이 미등기였기 때문이다.

우선 대지권 미등기 부분을 빼고 권리분석을 하면, 근저당권이 최선순위로 설정되어 있기 때문에 매각이 되면, A, B, C 모두 말소촉탁의 대상이 된다. 따라서 낙찰자인 매수인은 인수할 부담이 전혀 없고 A, B, C는 배당금액에서 배당을 받을 뿐이다. 다만 대지권이 미등기인 상태라 이 점을 정확히 알아볼 필요가 있다. 우선 이런 물건을 접한 입찰자는 두 가지 생각을 갖고 접근해야 한다.

첫째, 비록 대지권은 미등기 상태지만 업무처리를 하는데 있어 대지권에 대한 구분등기를 못한 경우가 있을 수 있다. 이 경우에는 감정평가서에 대지권에 해당하는 토지 가격이 산정되기 때문에 낙찰자인 매수인이 소유권을 취득하여 대지권 등기를 신청하면 된다.

둘째, 처음부터 토지의 소유자가 다른 사람이었기 때문에 토지의 매입이 안 된 상태일 수도 있다. 이런 물건의 경우에

는 반드시 토지 소유자를 찾아낸 다음 협상여부를 확인해야 한
다. 그렇지 않고 입찰에 참여하여 매수를 했다면 향후 토지 소유
자가 토지 매도를 거부하면 낙찰자인 매수인은 소유권을 잃거나
계속해서 지료를 부담해야 할 수도 있다.

다만 최근에는 대지권 미등기 건물도 감정평가서상에 대지권의
가격이 산정되어 포함된 경우 유찰이 되지 않는 경향이 많다. 그
만큼 입찰자들의 실력이 향상됐다고 할 수 있는데 좋은 물건이
라면 여러 번의 유찰을 기다리기 보다는 적당한 선에서 입찰에
참여하는 것이 효과적이라고 할 수 있다.

5 공유지분 땅은 경매의 꽃이다

공유지분으로 되어 있는 부동산은 경매시장에서 웬만한 사람은 일단 쳐다보지 않는다. 하지만 고수들은 그런 물건을 그대로 놔두지 않는다. 남들이 쳐다보지 않기 때문에 오히려 낮은 가격으로 매입할 수 있는 절호의 기회이기 때문이다.

공유지분에 대하여 조금만 알고 있으면 왜 그런지를 충분히 이해할 수 있으리라고 본다. 특히 토지를 경매로 구하는 경우라면 공유지분이 있는 땅은 절호의 기회일 수 있다.

'공유' 란 하나의 물건을 2인 이상의 다수인이 아무런 공동 목적 없이 소유하는 것을 말한다. '공유' 는 2인 이상이 공동으로 소유하더라도 각 공유자의 지배권한은 완전히 자유, 독립적이다. 다만 목적물이 동일하기 때문에 그 행사에 제약을 받는 데 지나지 않는다. 공유지분은 공유자 각자가 가지는 지배권능을

지분이라고 하며, 그 처분은 자유이고 언제든지 분할을 청
구하여 단독으로 소유할 수 있는 특징이 있다.

■ 지분이 과반수 이상인 물건만 골라라

공유지분 땅이라고 해서 모두 좋은 것은 아니다. 공유지분이 있
는 경매 물건은 일단 그 소유자의 지분을 제일 먼저 파악해야
한다. 그 이유는 공유물에 관한 관리권 때문이다. '공유물의 관
리'란 공유물을 처분이나 변경에 이르지 않는 정도로서 '공유
물을 이용, 개량'하는 행위를 말한다. 즉 과반수 이상의 공유자
는 처분이나 개량 정도는 아니지만 공유물을 활용할 수 있기 때
문이다.

그런데 이러한 관리 행위는 공유자의 '지분의 과반수'로 결정된
다. 따라서 지분의 과분수를 가지는 공유자는 단독으로 관리행
위를 결정할 수 있다. 즉 공유물을 경매로 매수한 후 다른 공유
자와의 문제로 처분하기가 곤란할 경우 과반수 이상의 지분을
소유한 사람은 관리할 수 있기 때문에 최악의 경우에도 위험성
이 떨어지게 된다.

나아가 공유지분이 과반수 이상일 경우 현실적으로 매도를 하기
도 쉽고 상대방 공유자의 지분을 매입하기도 수월해 진다. 또한
공유물 분할을 청구하는데 있어서도 유리한 측면이 있다.

또 하나의 장점은 공유지분이 있는 경매 물건은 비교적 권리분

석도 복잡하지 않아 위험성도 떨어지고 일반인들이 회피한 관계로 저렴하게 매수할 수 있는 장점도 있다. 권리분석이 복잡하지 않은 이유는 아무래도 2인 이상의 소유자가 있어 다른 제한권리들의 설정이 1인 소유 물건보다는 적기 때문이라고 할 수 있다.

■ 공유지분의 권리분석 및 성공사례

〈소재지역 : 제주도 안덕면 임야 약 6,000평〉

공유자	권리내역	권리설정일	말소여부
공유자 A (지분 1/10)	근저당권	2002. 5. 10.	말소
공유자 B (지분 1/10)	근저당권	2002. 11. 5.	말소
공유자 C (지분 1/10)	가압류	2003. 1. 8.	말소
공유자 D (지분 1/10)	가압류	2003. 1. 20.	말소
공유자 E (지분 6/10)	압류 (국세체납)	2003. 2. 1.	말소

위 사례의 물건은 제주도 안덕면에 위치한 임야 약 6,000평으로서 공유자 E의 지분이다. 공유자 E는 자기의 지분에 근저당 2건, 가압류 2건, 압류 1건이 각각 설정되어 있는 상태에서 경매가 신청됐다.

제주도 임야에 관심이 있던 L씨는 3회의 유찰이 있은 후 1억 8천만 원에 매수를 하였고 소유권이전 비용들을 합하여 모두 약 2억 원 정도 들었다. L씨는 평당 약 3만 원 정도에 위 사례의 임야를 매입한 셈이다.

이후 L씨는 평당 8만 원으로 되팔았고 차익은 2억 8천만 원 정도 볼 수 있었다. 약 2년 만에 두 배라는 엄청난 수익을 볼 수 있었다. 이 임야의 특징은 바로 바다를 조망할 수 있다는 점이다. 향후 화순항이 들어선다는 얘기까지 나오자 지가상승은 계속 됐다. 앞으로도 계속 상승할 땅이었지만 L씨는 다른 물건을 위해 자금을 회수한 것이다.

이런 땅을 L씨가 평당 3만 원 선에서 싸게 매입할 수 있었던 것은 바로 공유지분 때문이었다. 권리관계도 최선순위로 근저당권이 있기 때문에 나머지 근저당권, 가압류, 압류등기는 모두 말소촉탁의 대상이 된다. 낙찰자인 매수인이 인수할 부담도 전혀 없다. 이들 권리들은 배당을 받아갈 뿐이다. 이러한 평범한 물건이 단독 소유자였다면 3회까지 유찰이 되지 않았다.

L씨가 이 땅을 노린 가장 큰 이유는 땅 고유의 투자가치와 공유자 E의 지분이 과반수가 넘는 60%였기 때문이었다. 즉 지분이 과반수가 넘어 관리권을 행사할 수 있는 장점이 있었기 때문이다.

이처럼 공유지분은 개발행위를 할 수 없더라도 어느 정도 금전과 시간의 여유가 있다면 투자대비 두 배 이상을 보는 물건이 상당수 존재한다. 모든 투자가 그렇듯이 특히 경매라는 것은 남들과 똑같은 생각을 갖고 시작하면 어느 정도의 수익은 낼 수 있겠지만 이 사례의 경우처럼 큰 수익을 내기는 어렵다.

따라서 공유지분이 있는 물건이라고 도외시 하는 것 보다는 그

부동산의 장래 가치와 공유자의 지분 등을 고려해서 선별 투자
를 한다면 예상 외의 큰 수익을 낼 수 있다고 할 수 있다.

공신력이 없는 등기는 고수익과 연결 된다

　　　우리나라 법은 등기부에 기재한 등기에 대해 공신력을 인정해 주지 않는다. 즉 비록 등기는 되어 있지만 그것을 신뢰해 주지는 않는다. 다만 외부에 대항할 수 있는 공시력은 인정해 주고 있다.

정리하면 등기의 원인 사실이 공신력이 있는 사실이 있는 경우도 있지만 비록 등기는 되어 있더라도 사실과 다른 경우가 가끔은 존재한다. 아마 경매를 좀 한다하는 사람들 중에도 등기의 공신력 유무를 모르는 경우가 상당수 있다.

그런데 이런 등기의 공신력 유무만 잘 알아도 경매로 고수익을 챙길 수 있는 경우가 있다. 즉 등기부상에는 등기가 되어 있지만 그 등기를 말소하지 않았을 뿐 실제로는 등기의 원인사실이 존재하지 않는 경우가 있다. 다음 사례를 통해서 확인해 보도록 한다.

〈실전사례. 매각대금 8,000만 원〉

권리내역	등기일	청구금액	배당순위	배당액
A 가압류	2004. 3. 17.	2,000만 원	3	0원
B 가등기	2003. 9. 17.	3,000만 원	채무변제로 배당 없음	
C 근저당	2003. 9. 25.	4,000만 원	1	4,000만 원
D 근저당	2004. 4. 2.	4,000만 원	2	4,000만 원

위 사례의 토지는 의정부에 있는 토지로서 3회나 유찰이 된 상태라 상당히 저렴하게 매수할 수 있는 물건이었다. 나아가 북부역 인근에 위치하고 있어 그 토지 가치도 상당히 높은 수준에 있어 3회까지 유찰될 가능성은 매우 낮았다. 그런 물건이 3회나 유찰이 된 이유는 무엇일까? 바로 B의 가등기 때문이었다.

낙찰자인 매수인 K씨가 가등기권자를 유심히 살펴본 결과 금융기관임을 알 수 있었다. 가등기의 종류를 알아보기 위해 가등기권자가 누구인지를 살펴보는 것도 경매에서 하나의 테크닉이 될 수 있다.

즉 이미 앞에서 설명한 것처럼 최근에는 등기부만 잘 보면 가등기의 종류를 알 수 있지만 그렇지 않은 경우도 있기 때문이다.

그런데 이 사례에서는 가등기권자가 금융기관으로 되어 있는데, 가등기권자가 금융기관일 경우 대부분이 담보가등기일 가능성이 높다고 할 수 있다. 거기다가 K씨는 가등기권자를 직접 찾아가 확인해 본 결과 이미 채무자로부터 채무의 변제를 받았고, 가등기의 말소준비라는 사실을 알게 되었다.

이 물건은 일반인들은 입찰에 참여하지도 않은 물건이다. K씨는 B의 가등기가 담보가등기임을 확인했고, 나아가 이미 담보가등기의 피담보채권도 변제가 된 상태라 등기부상에 그대로 남아 있더라도 이미 채권은 소멸했다는 사실을 알게 된 후 최저매각가격으로 매수를 하게 되었다.

 K씨가 자신 있게 그리고 최저가로 매수를 한 이유는 딱 한 가지였다. 이런 물건을 일반인들은 절대로 손대지 않는다는 것을 알았기 때문이다. 따라서 초보자들의 경우에도 등기부만을 믿고 입찰에 임할 필요는 없다. '유찰이 수회 된 물건은 틀림없이 등기부와 다른 권리관계가 존재하고 있다' 라는 것을 알고 입찰에 임하는 자세가 필요하다.

경매는 남들과 똑같은 생각과 접근 방법으로는 큰 돈을 벌 수 없다는 사실을 보여주는 사례라고 할 수 있다.

◼ 등기부가 살아 있어도 전부 말소촉탁의 대상이 된다

이 사례는 낙찰자인 매수인 K씨가 인수할 권리가 하나도 없다. A의 가압류와 D의 근저당권은 C의 근저당권보다 늦게 등기되어 있기 때문에 전부 말소촉탁의 대상이 된다. 배당의 경우 B는 이미 금융기관에 채무를 변제했기 때문에 등기부상에 등기만 되어 있을 뿐 소멸된 것이나 마찬가지로서 배당이 없다.

A의 가압류 채권은 앞선 근저당권자들이 이미 배당을 받아가고
남은 배당금이 없기 때문에 한 푼도 배당을 받을 수 없게 된다.

주민등록법만 알아도 남들은 따라오지 못한다

서울 강남구 논현동에 있는 논현빌라, 보증금 3,000만 원에 월 50만 원을 주고 A씨는 주택임대차계약을 체결한 후 확정일자를 갖추고 입주하여 살고 있었다. A씨는 사업상 채무관계가 복잡하여 거의 집을 비우는 경우가 많았다.

A씨의 채권자들은 각종 소송을 제기하였지만 A씨가 법원으로부터 오는 서류를 송달 받지 않자 채권자들의 요청으로 A씨의 주민등록은 직권으로 말소되었다.

〈감정가 : 8,000만 원〉

	부동산의 권리관계	관리관계설정일
1	임차인 : A	2003. 7. 20. 전입신고 및 입주
2	근저당권자 : B은행	2003. 12. 21. 채권최고액 2,000만 원 설정

우선 날짜 상에 드러난 권리관계를 분석해 보면 임차인 A는 대항력과 확정일자를 갖추었다. 시간상으로도 근저당권자인 B은행보다 앞서기 때문에 1순위로서 배당을 받을 수도 있고, 임대차계약 기간동안 계속 거주할 수도 있다. B은행의 경우 A가 배당을 받고 남은 금액에서 자기 채권을 회수할 수 있는 상황이다.

따라서 사례의 빌라를 매수하고자하는 사람의 경우 임차인이 있기 때문에 부담스러워 입찰을 꺼려할 것으로 보여진다. 표면상에 드러난 권리관계를 보고 일반인들이 기피한 결과 사례의 빌라는 감정가 8,000만 원 대비 3회나 유찰되어 있어 최저매각가격은 4,960만 원까지 떨어졌다.

L씨는 감정가에 비해서 3회나 유찰이 있어서 잘만 고른다면 싸게 구입할 수 있는 기회라고 생각했다. L씨는 경매 전문가의 도움으로 5,200만 원에 매수할 수 있었다. 여기서 우선 판단을 해보면 임차인이 보증금 3,000만 원에 살고 있고, 임차인에게 3,000만 원을 지급해 주고 나면 감정가보다도 더 비싼 가격에 매수한 결과가 되는데 '어떻게 경매에 성공할 수 있었을까' 하는 의문이 들 수 있다.

경매 전문가는 주민등록에 대한 사항을 정확히 알고 있었기 때문에 문제 될 게 없었다. 주택임대차에 있어 임차인이 대항력을 취득하기 위해서는 주택을 점유하고 주민등록을 이전해야 한다. 임차인 A씨는 우선 대항력을 취득하기 위한 요건을 갖췄다. 그렇기 때문에 사례의 빌라가 계속 유찰된 것이다.

하지만 경매 전문가는 한 수 위에 있었다. 일반인들이 모르는 한 가지 더 중요한 사실을 알고 있었기 때문이다. 대항력이라는 것은 그것을 처음 취득할 때만 갖추면 되는 것이 아니고, 계속 갖추고 있어야 한다는 사실이다.

그런데 임차인 A씨는 처음에는 대항력을 갖추고 있었지만 복잡한 채무관계로 인해서 주민등록이 말소된 사실이 있었다. 즉 도중에 대항력의 요건이 중단된 것이다. 이런 경우에는 대항력은 상실하게 된다. 이 점을 경매 전문가는 알고 L씨에게 입찰에 참가해도 전혀 문제가 없음을 설명해 주고 매수를 권유하게 된 것이다.

따라서 L씨는 임차인 A에게 보증금 3,000만 원을 물어줄 필요가 없다. L씨는 낙찰자인 매수인에게 대항력이 없는 임차인의 경우 소송을 거치지 않고 인도명령을 통하여 강제로 내 볼 수 있음을 알렸다. 그 결과 L씨는 A를 명도소송을 할 필요도 없이 쉽게 내 보낼 수 있어 입찰에 참가하여 성공할 수 있었다.

위와 같은 경우는 임차인이 그 대처 방법을 몰랐기 때문에 꼼짝없이 당할 수밖에 없었다. 임차인은 주민등록이 부당하게 말소된 경우 관할청을 상대로 주민등록직권말소처분취소소송으로 구제 받을 수 있다.

다만 이러한 소송의 경우도 사전에 한 가지 절차를 거쳐야 가능하다. 임차인이 사전에 해야 할 절차로는 주민등록말소처분의 통지를 받은 날이나 공고된 날로부터 14일 이내에 서면으로 당해 시장, 군수, 또는 구청장에게 이의신청을 해야만 한다. 만약 이의신청을 하지 않고 곧바로 소송을 제기하면 부적법한 소송이 되어 구제 받을 수 없게 된다.

임차인 A는 위와 같은 대처방법을 몰랐기 때문에 안타깝지만 당할 수밖에 없었다.

배당배제의견서는 고수 중의 고수만 안다

       지금 소개하는 사례는 시중에 나와 있는 경매서적들에서도 거의 소개되지 않은 사례다. 그 만큼 아무나 알 수 있는 사례가 아니기 때문이다.

아래의 사례는 허위임차인을 찾아내는 유용한 사례이다. 특히 초보자들이 어려워 하는 허위임차인을 찾아내는 것이 사실 그리 어려운 일은 아니다. 따라서 고수들이 어떻게 허위임차인을 찾아내는지 그 비법을 배워둔다면 초보자들도 분명히 큰 수익을 낼 수 있을 것이라고 본다.

그렇다면 허위임차인을 찾아내는 기본 한 가지를 먼저 공개하도록 한다. 단독주택이나, 다가구주택, 빌라 같은 경우에는 허위임차인을 찾아내기가 쉽지 않다. 하지만 아파트는 그렇지 않다. 아파트의 경우 대부분 생활수준이 중산층이 많기 때문이다.

물론 아파트도 나름이겠지만, 30평형대 이상의 아파트에는 더욱 그렇다. 즉 아파트에 다수세대가 전입되어 있다면 분명 누군가는 허위임차인일 가능성이 높기 때문에 반드시 의심하고 도전을 해 볼 필요가 있다.

■ 배당배제의견서가 제출되면 경매법원은 고민에 빠진다

	부동산의 권리관계	권리관계설정일
1	A 임차인(단독세대)	1998. 7. 1.
2	B 임차인(3인 가족)	1998. 7. 1.
3	C은행 근저당권	1998. 8. 1.

위 사례의 아파트에 대한 표면적인 권리분석을 하면 A와 B는 동순위가 되고 C는 A와 B보다 그 순위가 뒤지기 때문에 A와 B가 배당을 받고 남은 금액에 대해서만 배당을 받아갈 수 있을 것으로 예상된다.

따라서 만약 낙찰로 매각이 이루어지면 낙찰자인 매수인은 임차인 A와 B를 인수해야 하기 때문에 이 아파트는 3회나 유찰이 되었다. 아마도 누구나 이런 물건을 보면 일단 꺼려할 것이라고 생각된다.

그런데 경매 전문가 P씨는 한 가지 이상한 점을 발견했다.

사례의 아파트는 약 40평 정도 되고 소유자의 가족은 5인 가족인데 임차인이 4명이나 있어 너무 많았다는 점이었다. 방이 4개 있다고 하더라도 9명이 살기에는 너무 비좁고 사실상 40평 정도 되는 집에서 임차인을 4명이나 둔다는 것은 상식적으로도 납득하기 어려운 일이었다.

이 정도의 상황을 유추하는 것으로는 P씨를 고수라고 할 수 없다. 이 정도는 경매를 조금만 경험한 사람이라면 충분히 알 수 있기 때문이다.

P씨는 이러한 상황 외에 결정적인 한 가지를 포착했다. 바로 채권자인 C은행이 경매법원에 '배당배제의견서'를 제출했다는 사실을 알게 되었다. '배당배제의견서'란 임차인이 경매법원에 자기의 임대보증금 채권에 대하여 배당요구를 했을 경우 경매신청권자 또는 다른 이해관계인이 임차인이 한 배당신청은 허위라는 것을 주장하면서 그 임차인을 배당에서 제외시켜줄 것을 요구하는 의견서를 말한다.

이 배당배제의견서의 내용은 그리 장황한 내용이 들어 있는 것이 아니다. 이 사례의 경우 배당배제의견서 내용은 친인척 관계도 아닌데 어떻게 한 집에서 9명이나 함께 생활할 수 있는가. 이는 분명 허위임차인들이므로 엄정하게 사법적 판단을 통해서 허위임차인들을 배당에서 배제해 줄 것을 요구한 정도였다.

그런데 이 정도의 내용만을 적시하여 배당배제의견서를 제출한 경우에도 경매법원은 상당히 고민에 빠지게 된다. 또한 경매법원은 배당의견서가 제출되면 임차인의 허위 여부를 심도 있게 검토하는 것이 법원의 실무상 처리 방법이기도 하다.

나아가 배당배제의견서가 제출되면 법원은 임차인에게 일단 배당을 배제하고 이의가 있으면 배당이의 소송을 제기하도록 권유하는 것이 법원의 실무 방법이기도 하다. 즉 배당배제의견서가 제출되면 가급적 허위임차인으로 추정되는 사람보다는 채권자들의 요청을 받아들이는 경우가 많다. 법원의 입장이나 판례도 확고하게 형성되어 있기 때문에 배당배제의견서가 제출되어 있다면 한 번쯤 도전해 보는 것이 어떨까 생각한다.

이 사례의 경우도 이를 정확히 알고 있는 P씨가 여유롭게 4회째 매각기일에 최저매각가격으로 입찰하여 무려 1억 5,000만 원 이상의 수익을 올릴 수 있었다. 물론 임차인들은 배당이의 소송을 제기 하였지만 결국 패소하였다.

다만 배당배제의견서가 제출된 경우라도 전부 받아들여지는 것은 아니다. 진정한 임차인이란 것이 확실하다면 법원도 인정하지 않을 것이고, 입찰자의 입장에서도 소유자와 임차인들과의 관계 등 여러 가지 사정을 정확하게 검토하고 파악하여 접근해야 위험부담을 피할 수 있다.

■ 허위임차인은 형사처벌 대상이 된다

허위임차인은 협상으로도 충분히 해결할 수 있는데 바로 사기죄 성립여부에 그 길이 있다. 만약 허위임차인이 배당요구를 하면 그 행위는 사기미수죄에 해당한다. 나아가 허위임차인은 허위로 주민등록상 전입신고를 하였기 때문에 주민등록법 위반으로 처벌된다.

실제로 허위임차인으로 적발된 사건 중에는 사기미수죄, 주민등록법위반으로 구속된 경우도 있었다. 이런 사실을 정확히 알고 있다면 허위임차인에게 정확히 고지를 하고 비교적 쉽게 포기를 할 수 있도록 '협박 아닌 협박'을 유도한다면 의외로 쉽게 해결할 수 도 있다.

앞으로 법원은 허위임차인이 있을 경우 채권자들에게 허위임차인을 검찰에 고소하라고 의견을 제안할 가능성이 커질 것으로 예상된다.

9 예고등기는 치부대상이 아니다

일반적으로 권리분석을 할 때 예고등기가 되어 있는 물건은 입찰 대상에서 제외하는 것을 원칙으로 하고 있다. 그 이유는 예고등기가 선순위 권리보다 후순위인 경우에도 향후 낙찰자인 매수인에게 부담으로 남게 될 수 있기 때문이다.

예고등기는 등기의 원인이 되는 사실이 무효 또는 취소가 될 수 있어 현재 이를 밝히기 위해 소송이 제기되어 있으므로 제3자에게 알려 주의할 것을 경고하기 위해 하는 등기를 말한다.

예고등기가 가장 무서운 이유는 낙찰자인 매수인이 매수대금을 전부 납부하고 소유권이전등기까지 마쳤을 경우에도 예고등기의 원인이 되는 소송에서 원고 즉 예고등기의 원인 사실이 무효라고 주장하는 측이 승소를 하게 되면 낙찰자인 매수인은 그 소유권을 상실하게 되기 때문이다.

따라서 예고등기가 있는 경매물건의 경우 치밀한 준비가 필요하다. 하지만 예고등기라고 모두 위험한 것은 아니다. 조금만 세심하게 살펴보면 별것 아닌데도 불구하고 미리 포기하거나 치부하는 경우가 상당히 많다.

경매로 돈 번 사람들은 남들이 치부하거나 그냥 흘려보낸 물건에서 진주를 찾곤 한다.

다음 사례를 통해서 예고등기에 대해 연습하기로 한다.

■ 예고등기권자가 승소해도 문제가 없다

	부동산의 권리관계	권리관계설정일
1	A 근저당권	2001. 5. 6.
2	B 근저당권	2002. 5. 6.
3	C 예고등기	2004. 7. 1.

이 사례의 물건은 파주에 있는 토지였다. LG LCD 단지 인근에 위치하고 있고, 6M 도로에 인접하고 있었고 감정가 또한 시세보다 저렴하게 나와 있는 상태라 유찰이 될 가능성은 전혀 없는 물건이었다.

그럼에도 불구하고 이 토지는 2회나 유찰되었다. 그 이유는 바로 예고등기가 되어 있었기 때문이다. 대부분의 입찰자들이 예고등기의 위험성을 알고 있어서인지 처음부터 관심을 갖지 않았다.

하지만 J씨는 이 물건의 권리 관계를 꼼꼼히 분석해 봤다. 일단 예고등기만 해결된다면 최선순위로 근저당권이 설정되어 있었기 때문에 다른 권리관계는 복잡하지 않아 크게 문제될게 없었다.

유심히 살펴보던 J씨는 예고등기의 종류를 파악할 수 있었다. 바로 저당권말소회복등기였다. 우리는 대부분 예고등기하면 소유권말소회복예고등기를 생각하고 있는데 예고등기에는 이 외에도 가등기말소회복예고등기, 저당권말소회복예고등기, 지상권말소회복예고등기 등 그 종류가 다양하다.

그런데 소유권말소회복예고등기만 아닌 경우라면 예고등기의 원인이 되는 금액을 감안하고 매수하면 되기 때문에 큰 문제가 되지 않을 수 있다. 이 사례의 경우는 저당권말소회복예고등기의 원인이 되는 금액이 2,000만 원에 불과했다.

따라서 나중에 소송에서 저당권말소회복예고등기의 원인이 되는 소송에서 이를 제기한 원고측(예고등기권자)이 승소한다고 하더라도 낙찰자인 매수인이 이 금액을 전부 물어준다면 소유권에 아무런 지장이 없고, 안전하게 소유권을 행사할 수 있어 문제가 되지 않는다.

나아가 좋은 물건이 여러 번 유찰되었기 때문에 그 금액과 예고등기의 원인이 되는 금액을 감안하면 결코 손해 보는 일이 없을 것으로 판단된다.

□ 예고등기가 을구에 있으면 절대로 포기하지 마라

권리분석의 기법은 생각보다 쉬운 면이 많다. 다만 이 책에서 설명한 내용들에 대해 꼼꼼히 이해하고 있을 경우에 한해서다. 그만큼 이론적 무장이 되어 있을 때 권리분석에 대한 기법이나 혜안이 나타나기 시작한다.

예고등기는 앞서 설명한 대로 그 종류를 언급한 바 있다. 그런데 소유권말소회복예고등기나 가등기말소회복예고등기의 경우 갑구란에 등기된다. 그런데 갑구는 소유권에 관한 사항을 기재하는 곳이기 때문에 이들이 등기된다.

즉 갑구란에 등기 되어 있기 때문에 향후 예고등기의 원인 사실이 재판을 통해 결론이 나게 되면 소유권을 상실할 가능성이 매우 높다. 물론 100% 승소가능성이 있다면 큰 문제가 되지 않겠지만 이런 경우에는 변호사와 전문적으로 상담을 하고 결정을 내려야 하기 때문에 일반인들이 쉽게 선택하기란 쉽지가 않다.

그런데 저당권말소회복예고등기 등은 을구에 등기 때문에 저당권에 해당하는 금액만 감안하여 입찰을 한다면 문제 될 것이 전혀 없다. 즉 적어도 소유권을 잃을 위험은 없기 때문이다. 따라서 을구에 기재된 예고등기라면 절대로 두려워 할 대상이 아니라 유찰 횟수와 예고등기의 원인이 되는 금액을 비교해서 그 실익을 찾는 것이 무엇보다 중요하다고 할 수 있다.

이처럼 예고등기가 있는 물건이라고 무조건 피하는 것 보다는 그 예고등기가 등기부위 어디에 등기되어 있는지 어떤 종류의 예고등기인지, 예고등기의 원인이 되는 금액이 얼마인지, 유찰은 몇 번이나 되어 있는지를 살피는 것이 남들과 반대로 가면서 쉽게 큰 돈을 벌 수 있는 길이라고 할 수 있다.

빚 받을 목적으로 한 임대차는 보호받지 못한다

경매 물건 중에는 채권자들이 경매 물건의 소유자에 대하여 가지는 채권을 회수하기 위해 임대차계약을 체결하는 경우가 종종 있는 편이다. 이들 채권자들이 종종 사용하는 수법은 채무자인 경매 물건의 소유자가 아무런 재산이 없을 경우 소액임대차계약을 체결하는 경우도 있고 임대차계약을 체결한 후 전입신고를 마치고, 확정일자까지 마치는 경우도 있다.

그런데 이 경우에 채권자들은 실제로 채무자 소유의 부동산에 전입하여 살지도 않으면서 임대차계약만 체결한 후 경매 물건이 매각되면 그 매각대금에서 배당을 받아 채권을 회수하는 방법을 취한다.

실제로 이러한 사례는 밝혀지지 않은 채 다른 채권자들이나 낙찰자인 매수인이 감당하는 경우가 상당히 많다. 하지만 고수들은 이러한 사실도 찾아내서 성공을 하는 경우가 꽤 있다.

사례를 통하여 이런 경우에 낙찰자인 매수인이 보호받을 수 있는지에 대하여 검토하도록 한다.

	부동산의 권리관계	권리관계설정일
1	A 임차인	2002. 6. 7.
2	B 근저당권	2003. 1. 6.
3	C 임차인	2003. 1. 10.

이 사례는 임차인 A가 소유자의 채권을 담보하기 위해 근저당권을 설정하는 대신 임대차계약을 체결한 것으로 낙찰로 인해 매각이 되면 낙찰자인 매수인은 임차인을 인수해야 하기 때문에 부담으로 남게 된다.

물론 임차인 A가 배당요구를 하게 된다면 낙찰자인 매수인은 아무런 문제가 없게 된다. 임차인 A는 매각대금 중에서 배당을 받아 자기 채권을 만족하면 되기 때문이다. 아울러 이 사례는 임차인 A가 배당요구를 하지 않아 3회나 유찰이 되어 있었다.

그런데 임차인 A와 소유자의 관계가 친구 사이인 것을 낙찰자인 매수인 K씨는 알 수 있었다. 보통 이 사례의 경우처럼 채권회수를 목적으로 임대차관계를 설정하는 경우에는 가까운 지인이나 친인척들이 상당히 많다. 이들은 정서상 근저당권을 설정하기가 어려운 관계에 있기 때문에 이러한 방법을 주로 취하곤 한다.

K씨는 약 1주일 동안 임차인 A가 이 사례의 건물에 살고 있는지 파악해 보았지만 실제로는 다른 곳에 살고 있다는 것을 알 수 있었다. A는 이러한 사실을 알고 난 후 근저당권자인 B에게 배당 배제의견서를 경매 법원에 제출하도록 권유를 하였다.

근저당권자의 입장에서도 A가 배당을 받아가지 못해야 자기 채권을 회수하는데 더 도움이 되기 때문에 이를 마다할 이유가 없었다. 결국 A는 배당요구도 못하고 포기 할 수 밖에 없었다. K씨는 3회나 유찰된 이 사례의 물건을 여유롭게 매수할 수 있었다.

■ 주택의 권리분석은 임대차보호법에 달렸다

이 사례의 경우에는 약간의 혼동이 있을 수 있다. 그것은 소유자와 임차인이 실제로 채권, 채무 관계가 성립되어 있고 나아가 전입신고와 확정일자까지 갖추었기 때문이다.

그러나 판례는 주택임대차보호법에 의해 보호되는 임차인은 실질적으로 주거생활을 한 경우에 한하고 주택을 인도받아 거주는 하지 않고 단순히 금전채권을 담보하거나, 경매절차에서 배당요구를 하기 위한 목적으로 임대차계약서

를 작성하고 주민등록을 한 경우에는 보호받을 수 없다고
판시하고 있다.

따라서 위 사례의 경우 임차인 A는 소유자와의 친분이 있음을
이유로 단순히 자기의 채권을 보호하기 위해 담보권자에 우선하
여 채권을 회수하기 위한 수단에 불과한 것이었으므로 주택임대
차보호법상 임차인으로 보호 받을 수 없다.

특히 이러한 사례의 경우는 임차인과 소유자가 담합을 하는 경
우가 상당히 많기 때문에 권리분석을 할 경우 심도있게 할 필요
가 있다. 담합에 의한 경우이므로 사실 관계를 밝혀내기가 쉽지
만은 않기 때문이다.

다가구주택이
다세대로
전환된 경우를 조심해라

지금 설명할 사례는 경매로 큰 돈을 벌기 위한 경우라기보다는 경매를 처음 시작하는 사람들에게 주의를 할 필요가 있음을 알기 위한 경우이다. 그렇다고 꼭 초보자들에게만 해당하는 것은 아니다.

경매를 좀 했다는 사람들도 이 사례를 잘 모르는 경우가 있으므로 꼭 기억해 둘 만한 사례라고 할 수 있다.

바로 다가구용 단독주택을 다세대주택으로 전환했을 경우에 해당하는데 특히 권리분석을 할 때 유용한 지식이 될 수 있을 것으로 확신한다. 이 사례를 통해서 권리분석을 할 때 어느 정도 꼼꼼해야 하는지를 알 수 있을 것이다.

A는 자기 소유의 다가구용 단독주택을 건물의 구조가 구분소유가 가능한 구분건물로 구분소유권등기를 하였다. 즉 다가구용 단독주택을 구분소유가 가능한 다세대 주택으로 변경하여 그 등기를 하였다.

그런데 이와 같은 일이 가능할까 하고 궁금해 할 수 있다. IMF 이후 침체된 부동산 경기를 살리고 임대사업의 다각화를 위해 다가구용 단독주택을 다세대주택으로 쉽게 용도변경 할 수 있도록 건축법시행령을 개정한 바 있다. 이러한 건축법시행령의 개정을 알고 A도 다세대 주택으로 전환한 것이다.

다가구 주택은 건축법상 단독주택으로 인정되기 때문에 주택임대차보호법상 대항요건을 갖추기 위해서는 단독주택과 동일하다. 다가구용 단독주택의 경우 실제로는 각 호수별로 구분되어 있다. 하지만 이런 경우에도 주민등록상 전입신고를 할 경우 각 호수까지 기재할 필요가 없이 지번만 기재해도 대항력을 인정받는데 아무런 문제가 없다.

그것은 다가구용 단독주택을 건축법상 단독주택으로 보기 때문이다. 한편 다세대 주택의 경우 임차인들이 다세대 주택의 동, 호수를 표시 없이 그 지번만을 전입신고 한 경우 유효한 공시방법을 갖추었다고 볼 수 없다는 판례가 있다.

따라서 다세대 주택은 단독주택의 공시방법과 차이를 두고 있다. 그런데 A가 단독주택을 다세대 주택으로 전환하면서 임차인들에게는 별도의 통지를 하지 않았고 얼마 후 A소유의 주택은 경매로 넘어가게 되었다.

이런 경우 임차인들은 보호 받을 수 있을까? 대법원은 이에 대하여 명확하게 판시하고 있다. 대법원의 판시 사항을 보면 원래 단독주택으로 건축허가를 받아 건축되고, 건축물관리대장에도 구분소유가 불가능한 건물로 등재된 이른바 다가구용 단독주택을 나중에 구분건물로 그 등기가 경료되어 다세대주택으로 등기가 되었음에도 불구하고, 소관청이 건축물관리대장을 그대로 둔 경우에는 비록 임차인이 지번만을 기재하여 전입 신고하는 것만으로 충분하다고 한 바 있다.

나아가 임차인이 단독주택에 전입신고를 한 이상 그것이 다세대주택으로 전환되었다고 하더라도 임차인이 처음에 단독주택에 지번만을 전입신고를 한 이상 일반사회 통념상 그 건물에 임차하여 주소를 두고 살고 있다는 것을 인식할 수 있으므로 유효한 공시 방법이라고 명확하게 판시하고 있다.

◼ 등기부만 보고 판단하면 안 된다

이런 경우 경매 초보자들은 권리분석을 너무 쉽게 생각할 수 있다. 즉 등기부상에 다세대주택으로 되어 있는데 임차인은 주민등록상 전입신고를 하였지만 그 지번만으로 되어 있으므로 주택임대차보호법상 보호 받을 수 없다고 생각할 수 있다. 이미 이와 같은 경우에도 대법원이 명확하게 보호 받을 수 있다고 판시하고 있으므로 반드시 건축물대장을 발급받아 꼭 확인해야 한다.

만약 건축물대장과 등기부가 서로 다를 경우에는 일단 입찰을 피하는 것이 상책이다. 사례와 같은 물건들이 3회 정도 유찰 된 경우가 종종 있다. 이런 경우 이미 다른 입찰자들은 위와 같은 경우를 간파하고 있다고 봐야 한다.

하지만 누군가는 유찰이 여러 번 되어 있고, 임차인도 지번만을 기재하여 전입신고를 했으므로 '아무런 문제가 없겠지' 하고 앞뒤 보지도 않고 응찰한 후 후회하는 사람이 분명히 있는 것이 현실이기도 하다.

이런 경우에 이 책을 보는 독자들은 포함되지 않기를 바란다.

임대차계약서만 잘 봐도 짭짤하다

지금 소개할 사례의 경우는 큰 돈 보다는 짭짤하게 수익을 올리는데 도움이 되는 권리분석 사례다.

꼭 비싸고 좋은 물건만이 돈을 벌어주는 것은 아니다. 경매를 통해 돈을 크게 번 사람들 중에는 3,000만 원 정도로 꽤 짭짤할 수익을 올리는 경우가 많다. 임차 보증금이 약 2,000만 원 내지 3,000만 원 정도 하는 주택은 집주인이 임차보증금을 올려 줄 것을 요구하는 경우가 빈번하다.

그런데 대부분의 임차인들이 임대인의 요구를 아무런 법적 장치 없이 들어주면서도 대응책을 마련하지 못하곤 한다. 그런데 안타깝게도 이런 어려운 사정을 알면서도 경매꾼들은 하나의 표적으로 삼는 것이 자주 일어나곤 한다.

따라서 임차인들의 입장에서는 본 사례의 권리분석을 통해서 피해를 보지 않도록 조심할 필요가 있고, 입찰자들의 입장이라면 돈을 벌 수 있는 기회가 될 수도 있음을 기억하고 있을 필요가 있다.

◪ 임차인의 채권신고 금액과 계약서를 비교해라

	부동산의 권리관계	권리관계설정일
1	임차인 : A	2002. 7. 20. 전입신고 및 입주(보증금 3,000만 원)
2	근저당 : B은행	2003. 2. 21. 채권최고액 2,000만 원 설정

이 사례의 경우를 분석해 보면 아주 간단하다.

우선 임차인 A는 근저당권자인 B은행보다 주민등록상 전입신고가 먼저 되어 있기 때문에 B은행에 우선하여 배당을 받을 수 있다. 나아가 임차인 A가 배당요구를 하지 않을 경우 향후 매각이 된다면 낙찰자인 매수인은 이를 인수해야하는 부담이 있다.

따라서 임차인 A는 배당요구를 하여 자기의 임차보증금 채권을 회수하여 이사를 갈 수도 있고 임대차계약기간 동안 계속 거주하면서 그 계약 기간이 종료되면 낙찰자인 매수인에게 임차보증금을 반환 받고 이사를 갈 수 있다.

이러한 관계로 이 물건은 3회나 유찰되어 있었다. 소액의 물건만을 매수하여 임대업을 하는 H씨는 유찰이 수회 되어 있고 물건 자체도 임대하기에 큰 문제가 없는 것을 보고 경매기록을 살펴보기 시작했다.

그러던 중 H씨는 약 1,000만 원 정도는 쉽게 먹을 수 있는 사실을 발견했다. 그것은 바로 임차인 A씨가 임대인과 맺은 임대차계약서와 채권신고 금액의 차이였다. 즉 임대차계약서에는 보증금이 1,000만 원이었지만 채권계산서에는 3,000만 원으로 되어 있었기 때문이었다.

당초 임차인 A는 보증금을 2,000만 원으로 하여 계약을 체결하였다가 임대인의 요구에 따라 보증금 1,000만 원을 더 올려주었지만 인상된 1,000만 원에 대하여는 영수증만 받았을 뿐 다른 조치를 취하지 않았다.

H씨는 임차인의 보증금을 감안하여 매수를 하였다. 이런 사실만으로도 H씨는 전세금을 끼고 매수한 격이 되기 때문에 단돈 2,500만 원에 매수를 할 수 있었다. 2,500만 원에 집을 하나 장만한 셈이 된다. 그런데 실질적으로 H씨는 1,500만 원에 매수한 것이나 마찬가지였다. 그것은 바로 임차인이 임대인에게 인상해준 1,000만 원에 대해서는 대항력을 인정해 주지 않기 때문이다.

이 사례는 임차인 A대항력을 갖춘 후 근저당권설정등기가 되었고 그 이후에 임대인과의 합의에 따라 보증금을 증액해 준 경우이다.

그런데 대법원은 대항력을 갖춘 임차인이 근저당권설정등기가 된 후에 임대인과 보증금을 증액하기로 한 합의는 임대인이 근저당권자를 해치는 법률행위가 되기 때문에 그 효력은 임차인과 임대인 두 당사자 사이에서만 효력이 있는 것이고 근저당권자에게는 대항할 수 없다고 판시하고 있다.

임차인 A는 비록 최선순위로 전입신고를 했을지라도 낙찰자인 매수인에 대하여 증액하기 전 보증금의 범위 내에서만 대항력을 행사할 수 있다. 즉 임차인 A는 임대인에게 올려주기 전의 임차보증금 2,000만 원에 대하여만 낙찰자인 매수인에게 대항할 수 있을 뿐이다.

따라서 이 경우 임차인은 인상해준 보증금 1,000만 원을 잃게 된다. 아울러 이와 같은 경우 임차인의 입장에서는 차라리 다른 집을 구해 이사를 가는 것이 가장 좋은 방법이라고 할 수 있다.

사립학교
땅이라고
미리 포기하지 마라

사립학교 및 사립학교법상 사립학교에 해당하는 유치원 등의 설립자 겸 경영자 소유의 재산으로서 유치원 교육에 직접 사용되는 교지 등 사립학교법시행령 제12조 소정의 재산의 경우에는 관할관청의 처분허가 유무에 관계없이 처분할 수 없다.

나아가 유치원의 교지 및 교사 또한 사립학교법 제28조 제2항에 따라 다른 사람에게 매매를 하거나 담보를 제공할 수가 없다. 이에 따라 유치원 등의 교지 및 교사인 대지 및 건물에 설정된 근저당에 기초하여 경매가 진행된 경우 이를 매수한 낙찰자인 매수인이 한 소유권이전등기는 무효라는 판례가 있다.

따라서 유치원 등 사립학교의 땅을 매수하고자 한다면 신중해야 한다. 앞서 언급한 판례에 따를 경우 낙찰자인 매수인은 소유권을 잃게 되어 큰 피해를 볼 수 있기 때문이다. 하지만 이러한 유치원 등 사립학교 땅도 조금만 심혈을 기울여 권리분석을 한다면 횡재를 할 수 있는 경우가 있다.

아마 다른 권리분석 또는 경매관련 책에서도 소개되지 않은 좋은 분석사례이기 때문에 꼭 기억해 둔다면 유용한 정보가 될 수 있으리라고 판단한다.

◘ 담보권의 설정 기준일을 보면 간단하다

	부동산의 권리관계	권리관계설정일
1	근저당 : A은행	2002. 7. 20. 채권최고액 3억 원 설정
2	유치원 설립인가	2003. 2. 21. 유치원 설립인가

위 사례의 경우 표면적인 권리분석에는 아무런 문제가 없다. 만약 경매로 인해 매각되면 낙찰자인 매수인은 소유권을 이전받는 데 아무런 문제가 없다. 그럼에도 불구하고 이 땅은 무려 5회나 유찰이 되어 있었다.

그 이유는 앞서 설명한 대로 이 땅이 사립학교에 해당하는 유치원의 땅으로서 처분의 제한을 받기 때문이다. 하지만 D씨는 권리분석을 하면서 한 가지 이상한 점을 발견할 수 있었다. 이 유치원의 땅은 설립인가가 나오기 전에 이미 A은행에 담보를 제공하여 근저당권설정등기를 마쳤다는 점이었다.

D씨는 이 점을 이상하게 여겨 판례를 검색한 후 해결점을 찾았다. 즉 대법원은 위와 같은 사례의 경우 사립학교의 기본재산인 관계로 비록 관할관청의 처분허가 유무와는 관계없이 처분할 수 없는 것이지만 유치원 설립자가 유치원 설립 허가를 얻기 전에 근저당권을 설정했기 때문에 그 근저당권 설정 당시에는 그 땅의 소유자가 사립학교의 경영자라고 볼 수 없다고 하였다.

따라서 유치원의 땅은 적법하게 설정된 근저당의 피담보채무를 부담한 것이라고 판시하였다. 나아가 적법하게 근저당권이 설정된 이상 그 후에 유치원 땅에 담보를 제공한 자 즉 그 소유자가 유치원 설립자의 지위를 얻었고 그 재산이 유치원 교육에 직접 사용되었다고 하더라도 근저당권자인 A은행이 담보권의 실행을 위한 임의경매를 신청한 것에 대하여 감독청의 처분허가를 받을 필요가 없다고 판시하였다.

즉 아무리 처분 제한이 있는 사립학교의 교지 등이라도 그것이 유치원 설립허가를 받기 전에 근저당이 설정된 경우라면, 적법한 경매신청이 되기 때문에 낙찰자인 매수인은 향후 소유권을 상실하지 않고 안전하게 그 소유권이전등기를 할 수 있다는 판례라고 할 수 있다.

결국 D씨는 이러한 판례를 검토하고 남들은 처다보지도 않는 사립학교 땅을 단 한명의 경쟁자 없이 그것도 5회나 유찰된 물건을 최저가로 매수할 수 있는 횡재를 하였다.

많은 입찰자들이 유치원은 사립학교가 아니라는 생각으로 유치원의 교지나 교사에 무작정 입찰하여 피해를 보는 경우가 상당히 많다. 하지만 앞서 설명한 대로 유치원도 사립학교임을 잊어서는 절대로 안 된다. 유치원을 사립학교라고 인식하지 못하는 사람들이 더 많이 당하는 이유는 또 한 가지 있다.

그것은 유찰이 여러 번 되어 있어 아주 싼 가격에 매수할 수 있다는 유혹 때문이다. 왜 좋은 물건이 수회 유찰되어 있는지에 대해서는 꼼꼼하게 분석하지 않고 유치원은 사립학교라는 생각도 못한 채 일부터 저지르는 경우가 많기 때문이다.

또 한 가지 주의할 점은 사립학교의 기본재산에 포함되는 부동산은 토지뿐만 아니라 건물에도 해당된다는 점을 간과해서는 안 된다.

미등기 주택이 등기된 이후를 잘 봐라

새로 지어진 주택(아파트, 연립주택, 다세대주택)의 대부분은 사용검사만 떨어지면 등기 여부와는 관계없이 입주를 시킨다. 이런 미등기 주택에 임차를 할 경우에도 임차인들은 전입신고와 확정일자를 받으면 대항력과 우선변제권을 취득하기 때문에 큰 문제는 없다.

그런데 미등기 주택이 어느 정도 지나서 등기를 하게 되면, 주택의 호수 등 주민등록상의 주소가 다르게 되는 경우가 상당히 많다.

문제는 이럴 경우에 임차인이 미등기주택일 당시에 한 주소와 등기를 한 이후의 주소가 다르게 되는데 과연 이 경우에도 그 주민등록이 공시방법으로서 적법한 효력이 있는지, 사회통념상 인정될 수 있는지가 의문시 될 수 있다.

따라서 다음에서 소개하는 사례에서는 법원이 어떻게 판단하는
지에 대하여 권리분석을 해 보도록 한다.

■ 상식선에서 생각하면 해결 된다

	부동산의 권리관계	권리관계설정일
1	임차인 : A	2002. 6. 20. 전입신고 및 입주(보증금 4,500만 원)
2	근저당 : B은행	2002. 12. 21. 채권최고액 3,000만 원 설정

임차인 A는 2002. 6. 20. 신축될 당시 각 동의 입구에 '가, 나,
다' 동으로 표시된 다세대주택 서울빌라 중 '다' 동 302호를 입
주하였다. 이와 더불어 임차인 A는 서울 강북구 수유동 000번
지 다동 302호로 전입신고를 마쳤다.

이후 서울빌라는 준공이 되고 이에 관한 집합건축물대장이 작성
되면서 서울빌라는 서울 강북구 수유동 000번지 B동 302호로
등재됨과 동시에 소유권보존등기가 경료 되었고 등기부에도 위
와 같이 등기되었다. 다동이 B동으로 변경된 것이다.

위 사례의 표와 같이 B은행은 서울 빌라에 2002. 12. 21. 근저
당권설정등기를 마쳤다. 어느 정도 시간이 지난 후에 임차인 A
는 처음 입주할 당시의 주소와 현재의 집합건축물대장과 등기부

상의 주소가 다르다는 것을 알고 2003. 1. 12. 주민등록상의 주소정정신고를 하였다.

그런데 사례의 서울빌라는 소유자의 채무 과다로 B은행이 2003. 5. 1. 임의경매를 신청하여 매각이 되었고 임차인 A는 낙찰자인 매수인 C에게 대항력을 주장하였다. 이에 대하여 낙찰자인 매수인 C는 임차인 A가 비록 근저당권자인 B은행보다 앞서 전입을 했지만 향후 그 주소가 변경되었고, 근저당권자인 B은행보다 늦게 주민등록상의 주소정정신고를 하였기 때문에 대항력이 없다며 임차인 A를 상대로 건물명도청구소송을 제기하였다.

그런데 대법원도 비슷한 생각을 가지고 확고하게 판단하였다. 대법원은 주택임대차보호법 제3조 제1항에서 주택의 인도와 더불어 대항력의 요건으로 규정하고 있는 주민등록은 거래의 안전을 위하여 임대차의 존재를 제3자가 명백히 인식할 수 있게 하는 공시방법으로 마련된 것이다.

아울러 그 주민등록이 어떤 임대차를 공시하는 효력이 있는가의 여부는 일반 사회 통념상 그 주민등록이 당해 임대차 건물에 임차인이 주소 또는 거소를 가진 자로 등록되어 있는지를 인식할 수 있는가의 여부에 따라 결정된다는 대법원 판결에 기초하여 이 사례를 판단하였다.

그 판단 내용을 보면 임차인 A가 준공검사가 끝나지 않고 건축 중인 이 사례의 주택에 대하여 최초로 하는 등기인 소유권보존등기가 경료되기 전에 입주하여 주민등록을 마쳤다. 그 당시 주택의 현황과도 일치한다고 하더라도 그 후 사정변경 등으로 인하여 등기부 등의 표시가 바뀐 상황이라면, 제3자나 이해관계인들의 입장에서는 임차인 A가 처음에 입주할 당시와 사정 변경으로 주소가 바뀐 점에 대해서 알기가 어렵다는 것을 중점적으로 판단하였다.

따라서 임차인 A가 한 주민등록은 제3자가 그러한 사실을 인식하기가 어렵다는 이유로 유효한 임대차의 공시방법이 될 수 없다고 판시하면서 임차인 A의 주장을 배척하였다.

여기서 다시 한 번 강조하지만 '법이라는 것은 철학이 아닌 상식일 뿐이다'라는 것이 충분히 입증된다는 것을 알 수 있을 것이다.

대법원이 내린 결론은 바로 상식선에서 판단을 했다고 볼 수 있다. 낙찰자인 매수인은 입찰 당시의 공부상 주소를 보고 판단할 수 있을 뿐이지 과거에 임차인 A가 어떻게 주민등록을 했는지까지 알 필요는 없다는 것을 보여주고 있다. 따라서 경매 물건 중에서 까다로운 권리분석을 할 경우에도 법률이 지향하는 안정성과 일반 사회에서 통하는 사정을 고려하는 것도 한 가지 방법이라고 할 수 있다.

다만 이런 경우에는 법률전문가의 조언을 받아가면서 안전하게 선택할 필요가 있다. 일반인이 판단을 하기에는 쉽지 않은 부분이 있기 때문이다.

**썩은 사과만 골라내면
큰 돈 되는 권리분석**

펴낸날 2005년 7월 4일 초판 1쇄

지은이 이항용
펴낸이 김석규
펴낸곳 매경출판(주)
등 록 2003년 4월 24일 (No. 2-3759)
주 소 우)100-728 서울 중구 필동1가 30번지 매경미디어센터 3F
전 화 02)2000-2610~2, 2632~3(기획팀) 02)2000-2645(영업팀)
팩 스 02)2000-2609
이메일 sy9750@mk.co.kr

ISBN 89-7442-341-3

값 13,000원